综合日语
第二册

练习册（修订版）

主　编　何　琳
副主编　刘　健

审　订　彭广陆　〔日〕铃木典夫

北京大学出版社
PEKING UNIVERSITY PRESS

图书在版编目(CIP)数据

综合日语第 2 册练习册/何琳主编. —2 版. —北京：北京大学出版社,2014.2
ISBN 978-7-301-23795-3

Ⅰ. ①综…　Ⅱ. ①何…　Ⅲ. ①日语－高等学校－习题集　Ⅳ. H369.6

中国版本图书馆 CIP 数据核字(2014)第 013973 号

书　　　　名：	综合日语第二册练习册(修订版)
著作责任者：	何　琳　主编
责 任 编 辑：	兰　婷
标 准 书 号：	ISBN 978-7-301-23795-3/H・3477
出 版 发 行：	北京大学出版社
地　　　　址：	北京市海淀区成府路 205 号　　新浪官方微博：@北京大学出版社
网　　　　址：	http://www.pup.cn
电　　　　话：	邮购部 62752015　发行部 62750672　编辑部 62759634　出版部 62754962
电 子 信 箱：	lanting371@163.com
印　　刷　者：	天津中印联印务有限公司
经　　销　者：	新华书店
	787 毫米×1092 毫米　16 开本　12.5 印张　210 千字
	2006 年 8 月第 1 版
	2014 年 2 月第 2 版　2022 年 10 月第 11 次印刷（总第 24 次印刷）
定　　　　价：	39.00 元

未经许可,不得以任何方式复制或抄袭本书之部分或全部内容。
版权所有,侵权必究
举报电话：010-62752024　电子信箱：fd@pup.pku.edu.cn

《综合日语第二册练习册（修订版）》

编　　者

审　定
彭广陆　　　北京大学教授
铃木典夫　　首都师范大学日语专家

执笔者
何　琳　　　首都师范大学副教授
刘　健　　　首都师范大学讲师

第一版编者
何　琳　　　首都师范大学副教授
董继平　　　首都师范大学副教授
何宝娟　　　首都师范大学讲师
大和启子　　浙江工业大学日本专家
石冈静音　　御茶水女子大学博士生、北京大学高级进修生

插图　胡梦溪

前　言

《综合日语》(第1—4册)是第一套中日两国从事日语教学与研究的专家学者全面合作编写的面向中国大学日语专业基础阶段的主干教材。《综合日语(修订版)》在第一版的基础上，参考教学中的反馈意见，汲取最新的研究成果，对练习解说及部分课文进行了修订，为"普通高等教育'十一五'国家级规划教材"。

本书为《综合日语(修订版)》的配套练习册。

《综合日语(修订版)》的练习主要由两部分组成，一部分在教材各单元之后，以培养学生综合运用日语的能力为目的，为教师和学生提供课堂教学活动的素材，适合在课堂教学中完成。另一部分反映在《综合日语练习册(修订版)》中，供学生自我测试使用，主要是帮助学生归纳、整理语言基础知识，检验语言知识掌握的情况。两部分练习互相补充，力求为学生的学习提供全方位的支持。

本册主要依据第二册教材中初级阶段的内容编写而成，内容涵盖所有学习重点、难点。各课练习由(1) 文字、词汇、语法；(2) 听力；(3) 阅读三大部分组成，同时另外设计了五个单元练习。

本练习册的书写方式以《综合日语(修订版)》为准。参考答案及录音均在北京大学出版社官网(www.pup.cn)"下载专区"中，供免费下载。

在本练习册的编写过程中，所有成员都倾注了大量心血，但是由于水平有限，还存在一些不尽如人意的地方，希望使用本练习册的老师和同学提出批评意见，以便今后不断修订完善。

编者
2013年8月

目　　次

- 第16課　春節 ……………………………………………………………………… 1
- 第17課　コンサート ……………………………………………………………… 13
- 第18課　病気 ……………………………………………………………………… 25
- **第1単元の練習（第16〜18課）** …………………………………………………… 35
- 第19課　黄砂 ……………………………………………………………………… 42
- 第20課　遠足 ……………………………………………………………………… 52
- 第21課　遠足のあと ……………………………………………………………… 62
- **第2単元の練習（第19〜21課）** …………………………………………………… 72
- 第22課　宝くじ …………………………………………………………………… 78
- 第23課　弁論大会 ………………………………………………………………… 88
- 第24課　留学試験の面接 ………………………………………………………… 99
- **第3単元の練習（第22〜24課）** …………………………………………………… 112
- 第25課　ゴールデン・ウィーク ………………………………………………… 119
- 第26課　ボランティア …………………………………………………………… 129
- 第27課　受験 ……………………………………………………………………… 140
- **第4単元の練習（第25〜27課）** …………………………………………………… 150
- 第28課　ディスカッション ……………………………………………………… 157
- 第29課　アルバイト ……………………………………………………………… 167
- 第30課　旅立ち …………………………………………………………………… 178
- **第5単元の練習（第28〜30課）** …………………………………………………… 187

第16課　春　節

単語帳

チャレンジ　コイン　ペア　オリンピック　タスクシート　スキー
味　豚　塩　具　歯　目　冬　街　鐘　寺　神社　季節　形式　意味　手順　健康
場合　地図　縁起　休暇　冬休み　昼　昼休み　昼寝　昼ご飯　ふだん　親類
一家　子孫　家庭　お宅　職場　気持ち　新幹線　違い　言葉遊び　大都市　こと
これら　作り方　あちこち　例　あいだに　博物館　大使館　郵便受け　LL教室
西暦　暮れ　新年　年始　年末　大みそか　行く年　来る年　年中行事　初もうで
三が日　仕事納め　仕事始め　門松　除夜の鐘　年越し　飾りつけ　爆竹花火
風景　風物詩　ひき肉　お酢　わさび　豚肉　お弁当　そば　にら　雑煮　昆布　まめ
おせち料理
挨拶　心配　確認　帰省　長寿　だんらん　繁栄　発展　大掃除
願う　続く　磨く　焼く　包む　惜しむ　刻む　伝える　答える　比べる　迎える　まとめる
訪ねる　疲れる　混ぜる　ゆでる　炒める　つける　変わる　似る　異なる　あがる
曲がる　ある　終える　つながる
細い　細かい　永い　めでたい　丁寧　大事　特別　一般に　互いに　たいてい　バン
バン　大きな　こうして　どうやって
鯛　数の子　黒豆　田中

文法リスト

Nによって(違う)＜基准＞
～たり～たりする＜交替、反復、并列＞
どうやって～んですか＜方式＞
V方＜方法＞
A₁く～／A₂に～＜形容詞做连用修饰语＞
Vてから＜先后顺序＞
だけ＋格助詞＜限定＞

Nの／Vているあいだに＜时点＞
Vている(4)＜状态＞
Nの／Vているあいだ＜时段＞
Vたら～た＜契机～发现＞
N₁でN₂がある＜事件的存在＞
Vたりする＜示例＞
Nにとって＜评价的立场、角度＞
(数量詞)ほど＜概数＞
A₁く＜并列＞

I. 文字・词汇・语法

1. 写出下列画线部分汉字的正确读音。

   (1) お正月には、たくさんの人が<u>神社</u>やお寺へお参りに行く。
   (2) 食器を新聞紙に<u>包ん</u>で箱に入れた。
   (3) 私は<u>豚肉</u>より魚のほうがおいしいと思います。
   (4) ああ、<u>疲れた</u>。
   (5) 王さんはローラさんに漢字の書き方を<u>丁寧</u>に教えました。
   (6) <u>細かい</u>ことは考えない。
   (7) <u>健康</u>は何よりも大切だ。
   (8) 1年の終わりに感謝の気持ちを<u>伝えよう</u>。
   (9) <u>気持ち</u>のやさしい人と友達になりたい。
   (10) 日本<u>料理</u>は「目で食べる料理」と言われている。

(1)	(2)	(3)	(4)	(5)
(6)	(7)	(8)	(9)	(10)

2. 将下列画线部分的假名改写成汉字。

   (1) 東京で<u>しんかんせん</u>に乗り換えます。
   (2) いろいろご<u>しんぱい</u>をおかけしました。
   (3) 番号とお名前を<u>かくにん</u>してから書いてください。
   (4) 日本は明治以来大きく<u>はってん</u>してきた。
   (5) 北京へ来てからずっとここで<u>はたらい</u>ています。
   (6) <u>しょくば</u>は家に近いから、歩いて通っている。
   (7) 帰省するとき、いつも<u>おみやげ</u>のことで悩む。
   (8) <u>そうじ</u>をする前に、窓を開けてください。
   (9) <u>ねんまつ</u>になると仕事が忙しくなる。
   (10) 今年はどこで新年を<u>むかえ</u>ますか。

(1)	(2)	(3)	(4)	(5)
(6)	(7)	(8)	(9)	(10)

3．从a～d中选择一个正确答案。

(1)「518」は、中国人にとって_____のいい数字です。
　　a．挨拶　　　　b．手順　　　　c．縁起　　　　d．飾りつけ

(2) 実家では、_____にはおせち料理を作っておきます。
　　a．暮れ　　　　b．普段　　　　c．場合　　　　d．西暦

(3) わたしにとっては、家族も仕事も両方とも_____です。
　　a．丁寧　　　　b．大切　　　　c．人気　　　　d．得意

(4) 近所の人とは交流がなく、_____名前も知らない。
　　a．次々と　　　b．非常に　　　c．大切に　　　d．互いに

(5) 姉の指は_____きれいです。
　　a．こわくて　　b．ほそくて　　c．めでたくて　d．はずかしくて

(6) 姉は母に_____、とてもきれいです。
　　a．にて　　　　b．やいて　　　c．みがいて　　d．つづいて

(7) 玉ねぎの色が_____まで炒めるとおいしくなります。
　　a．まぜる　　　b．きざむ　　　c．かわる　　　d．ことなる

(8) 娘の幸せを心から_____います。
　　a．惜しんで　　b．願って　　　c．迎えて　　　d．包んで

4．在下面（　）中填入适当的助词。每个（　）填一个假名。

(1) どこへ行くかはみんな（　）考えて決めましょう。
(2) その話は李さん（　）（　）（　）話したのに、何でみんな知っているのだろう。
(3) 電子辞書を図書館（　）忘れました。
(4) 王さんが長い髪をしている女性と食事している（　）（　）見ました。
(5) 駐車場（　）止まっている赤い車は誰のですか。
(6) これは生活（　）（　）生まれた知恵です。
(7) 李さんは交通事故があったので30分（　）（　）遅れそうです。
(8) 今日の午後、2階の教室（　）日本文化の講演があります。
(9) インターネット（　）使って資料を集めています。
(10) 外国（　）一人（　）生活するということは本当に大変です。
(11) ごみの種類（　）よって出す日（　）違います。

5．将（　）里的词改成适当的形式填空。

(1) 年齢と職業によって（呼ぶ）＿＿＿＿＿＿方が違います。

(2) 夜、本を（読む）＿＿＿＿＿＿音楽を（聴く）＿＿＿＿＿＿します。

(3) 宿題を（する）＿＿＿＿＿＿からテレビを見ます。

(4) 引越しする前に（要る）＿＿＿＿＿＿ものを捨てます。

(5) あの（曲がる）＿＿＿＿＿＿道の向こうに病院があります。

(6) 会議が終わって外へ（出る）＿＿＿＿＿＿雨が降り出した。

(7) （留学する）＿＿＿＿＿＿あいだ、ずっと名古屋に住んでいました。

(8) かばんの中を（見る）＿＿＿＿＿＿小さな傷があったんです。

(9) 一年しか勉強しなかったので日本語がまだ（上手だ）＿＿＿＿＿＿話せません。

(10) 前の髪の毛を（短い）＿＿＿＿＿＿してください。

6．完成下列句子。

(1) 仕事が終わってから＿＿＿＿＿＿＿＿＿＿＿＿＿＿＿＿＿＿＿＿＿＿＿＿＿＿＿＿。

(2) 王さんと喫茶店に入ったら＿＿＿＿＿＿＿＿＿＿＿＿＿＿＿＿＿＿＿＿＿＿＿＿。

(3) 暇な時、＿＿＿＿＿＿＿＿＿＿＿＿＿＿＿＿＿＿＿＿＿＿＿＿＿＿＿＿＿＿＿＿。

(4) 大学で勉強している間＿＿＿＿＿＿＿＿＿＿＿＿＿＿＿＿＿＿＿＿＿＿＿＿＿＿。

(5) 大学で勉強している間に＿＿＿＿＿＿＿＿＿＿＿＿＿＿＿＿＿＿＿＿＿＿＿＿。

(6) これを回すと音が＿＿＿＿＿＿＿＿＿＿＿＿＿＿＿＿＿＿＿＿＿＿＿＿＿＿＿＿。

(7) 漢字は外国人にとって＿＿＿＿＿＿＿＿＿＿＿＿＿＿＿＿＿＿＿＿＿＿＿＿＿＿。

(8) 先生によって＿＿＿＿＿＿＿＿＿＿＿＿＿＿＿＿＿＿＿＿＿＿＿＿＿＿＿＿＿＿。

(9) 今日は日曜日なのに＿＿＿＿＿＿＿＿＿＿＿＿＿＿＿＿＿＿＿＿＿＿＿＿＿＿。

(10) コンピュータの調子が悪い時、＿＿＿＿＿＿＿＿＿＿＿＿＿＿＿＿＿＿＿＿。

7．从a～d中选择一个正确答案。

(1) きょうは留学生会館＿＿＿＿＿研究発表会があります。
　　　a．に　　　　b．で　　　　c．へ　　　　d．を

(2) わたしは毎朝30分＿＿＿＿＿日本語を朗読しています。
　　　a．から　　　b．まで　　　c．より　　　d．ほど

(3) 図書館への＿＿＿＿＿を教えてください。
　　　a．行く方　　b．行き方　　c．行って方　　d．行った方

(4) A：日本に＿＿＿＿＿から日本語の勉強を始めたのですか。
　　B：いいえ、国でも少し勉強しました。

a．来る　　　b．来　　　c．来て　　　d．来た

(5) 母が買い物をしている＿＿＿、父はずっと車で待っていました。
　　a．間　　　b．間に　　　c．まで　　　d．までに

(6) 子どもたちは＿＿＿先生の話を聞いています。
　　a．静か　　　b．静かで　　　c．静かな　　　d．静かに

(7) 休日は本を＿＿＿してすごしています。
　　a．読むたり　　　b．読みたり　　　c．読まだり　　　d．読んだり

(8) 駅に＿＿＿、電車はもう止まっていました。
　　a．着くたら　　　b．着きたら　　　c．着かたら　　　d．着いたら

(9) 1年生＿＿＿、日本語の単語をたくさん覚えることは大切です。
　　a．にとって　　　b．によって　　　c．について　　　d．に言って

8．选择与画线句子意思最相近的句子。

(1) <u>この単語は時代によって意味が違います。</u>
　　a．この単語は違う時代に意味が違います。
　　b．この単語は同じ時代にも意味が違います。
　　c．この単語は昔いろいろな意味がありました。
　　d．この単語の意味は分かりません。

(2) <u>すいかの値段は高かったり、安かったりします。</u>
　　a．高いすいかもやすいすいかもあります。
　　b．すいかは値段によって食べ方が違います。
　　c．すいかは高いときも安いときもあります。
　　d．高いすいかだけではありません、やすいすいかもあります。

(3) <u>日本語を少し勉強してから、日本へ留学します。</u>
　　a．日本語を勉強するから日本へ行きます。
　　b．日本へ行く前に、日本語を勉強します。
　　c．日本へ行った後で、日本語を勉強します。
　　d．日本語が上手になってから、日本へ留学します。

(4) <u>試験の結果だけが心配です。</u>
　　a．試験の結果も心配です。
　　b．試験の結果などが心配です。

c．試験の結果はあまり心配していません。
d．試験の結果のほかに心配がありません。

(5) 家から会社まで1時間ほどかかります。
　　a．家から会社まで1時間しかかかりません。
　　b．家から会社まで1時間もかかります。
　　c．家から会社まで1時間ぐらいかかります。
　　d．家から会社までちょうど1時間です。

9．用日语解释下面的词语。
(1) 帰省
(2) 一家だんらん
(3) おせち料理
(4) 仕事納め
(5) 三が日

10．正确排列a～d的顺序，并选择最适合填入　★　的部分。
(1) サービス定食は＿＿＿　＿★＿　＿＿＿　＿＿＿。
　　a．よって　　　b．に　　　　　c．違います　　d．曜日
(2) 試験問題は先生によって＿＿＿　＿＿＿　＿＿＿　＿★＿。
　　a．簡単　　　　b．難しかったり　c．だったり　　d．します
(3) みなさんは＿＿＿　＿＿＿　＿＿＿　＿★＿のですか。
　　a．勉強して　　b．日本語を　　　c．いる　　　　d．どのようにして
(4) 海外ニュースの＿＿＿　＿＿＿　＿★＿　＿＿＿説明しました。
　　a．の　　　　　b．検索　　　　　c．しかた　　　d．を
(5) このサイトには＿＿＿　＿＿＿　＿★＿　＿＿＿がたくさんある。
　　a．役に立つ　　b．にとって　　　c．情報　　　　d．大学生
(6) ＿＿＿　＿＿＿　＿★＿新しい年を迎えよう。
　　a．して　　　　b．部屋を　　　　c．きれいに　　d．掃除
(7) ＿＿＿　＿＿＿　＿★＿　＿＿＿、あとは取ってしまいます。
　　a．残して　　　b．丈夫そうな　　c．実　　　　　d．だけを
(8) ＿＿＿　＿＿＿　＿＿＿　＿★＿、友達がうちに来た。
　　a．行っている　b．コンビニ　　　c．間に　　　　d．に

(9) 東北地方の冬は、___★___ _____ _____ _____ 5か月も続く。
　　　a．が　　　　　b．寒さ　　　　c．厳しい　　　d．長く

(10) 運動会の準備であしたは朝6時までに_____ ___★___ _____ _____。
　　　a．いなくては　b．学校に　　　c．着いて　　　d．いけません

11. 把下列句子译成日语。

(1) 晚上7点在一楼会议室举办迎新会。咱们一起去吧。

(2) A：你晚上都干什么？看电视吗？
　　B：不怎么看，一般是看看书听听音乐。

(3) 下面我简单地讲一下这台计算机的使用方法。

(4) 请把白菜和韭菜切碎。

(5) 父亲下班回家，洗完澡之后才吃晚饭。

(6) 请在明信片上写好您的姓名、电话和住址之后寄给我们。

(7) 在学校食堂也能吃到便宜好吃的饭菜。

(8) 去美术馆看老同学的摄影展，到了那儿才发现已经结束了。

(9) 研讨会期间每天都讨论到很晚，没有时间观光购物。

(10) 对于家长来说，自己的孩子永远都是孩子。

Ⅱ．听力

1．听录音，选择正确答案。

(1) _____ (2) _____ (3) _____ (4) _____ (5) _____

2．听录音，选择正确答案。

例：大学から病院まで何で行きますか。

  a．バス b．タクシー c．バスとタクシー d．自転車

（1）大学から病院へは、どのようにして行きますか。

  a．30番のバス　→　20番のバス

  b．25番のバス　→　20番のバス

  c．20番のバス　→　30番のバス

  d．25番のバス　→　10番のバス

（2）バスは混んでいますか。

  a．朝や夕方は混んでいますが、それ以外の時間は混んでいません。

  b．朝や夕方は混んでいませんが、それ以外の時間は混んでいます。

  c．あまり混んでいなくて、いつも座ることができます。

  d．いつも混んでいて座れません。

（3）いつ病院へ行きますか。

  a．いまから行くつもりです。

  b．昼ご飯を食べる前に行くつもりです。

  c．朝ご飯を食べてから行くつもりです。

  d．昼ご飯を食べてから行くつもりです。

3．听录音，仿照例子把a～f填入表格中。

	違うこと	同じこと
中国の春節	（例）d	
日本の正月		

a．年越しそばを食べる。

b．除夜の鐘を静かに聞く。

c．一年で大きな行事。

d．ギョーザを食べる。

e．家族だんらんの時間。

f．爆竹や花火をしてにぎやかにすごす。

4．听录音，从1～3选项中选择最佳应答。

  (1) _____ (2) _____ (3) _____ (4) _____

Ⅲ．阅读

阅读下列对话，根据其内容回答问题。

（鈴木さんと陳さんは日本の中華料理店で昼ご飯を食べています）
鈴木：陳さん、何にしますか。
　陳：うーん、ギョーザが食べたいです。最近ずっと食べていませんから。
鈴木：ギョーザですか、いいですね。わたしはラーメンにします。
　　（店の人に）すみません、ギョーザ定食とラーメンください。
　陳：ええ？ギョーザ定食ですか。ギョーザは主食なのに、定食なんて変ですよ。
鈴木：えっ、ギョーザは主食じゃないですよ。日本人はご飯と一緒にギョーザを食べることが多いですよ。
　陳：そうだったんですか。じゃあ、定食をください。
　陳：あれ、向こうを見てください。（ア）あれは変ですよね。
鈴木：そうですね。日本でもラーメンは主食です。でも、ラーメンのスープとご飯を一緒に食べたがる人もいます。ほら、壁に掛かっているあのメニューを見てください。ラーメン定食というメニューがあります。
　陳：本当だ。ギョーザもラーメンも国によって食べ方が違うんですね。

問題

(1) 次のa～bの中から、空欄（ア）に入れるのに適当な文を一つ選びなさい。
　　a．ラーメンとご飯を一緒に食べている人がいます。
　　b．ラーメンだけ食べている人がいます。
　　c．ギョーザだけ食べている人がいます。
　　d．ギョーザとラーメンを一緒に食べている人がいます。

(2) 次のa～bの中から、正しいものを一つ選びなさい。
　　a．日本ではギョーザは主食ですが、ラーメンは主食ではありません。
　　b．日本ではギョーザもラーメンも主食ではありません。
　　c．日本では、多くの人がラーメンとご飯を一緒に食べる。
　　d．日本ではラーメンは主食ですが、ギョーザは主食ではありません。

最後に会話文と読解文を読み直して、_____を埋めなさい。

ユニット1　会話　春節の習慣

高橋　春節の準備は、_____んですか。

王　　地方によって_____けど、うちでは_____家族みんなで掃除をしたり春節の飾りつけをしたり_____んですよ。料理は父_____作るんです。

高橋　え、お父さん_____？

王　　ええ、おいしいんです_____。
　　　父は料理が好きで、_____もよく作るんですよ。

高橋　そうですか。

王　　ええ、それから、_____には家族みんなでギョーザを作って食べるんです。

高橋　_____作るんですか。

王　　作り方は_____によって違うんですけど、うちは、白菜やにらを_____、豚のひき肉を_____作るんです。そして、具をよく_____から皮に包んで_____食べるんです。

高橋　あ、_____ですね。

王　　ええ、でも、_____のギョーザと違って、春節のギョーザは_____んです。

高橋　え、コインですか。

王　　ええ。でも、もちろんきれいに洗ってから入れますよ。

高橋　コインは_____んですか。

王　　コインが入ったギョーザは_____んです。今年は一緒に作りませんか。

高橋　ええ、_____。王さんのお宅のギョーザは_____んでしょうね。あ、王さんのお宅では、わたしも中国語を_____ね。

王　　そうですね。父も母も日本語はわかりませんから。

高橋　_____です。

王　　大丈夫ですよ、わたしがいますから。

ユニット2　会話　休暇中にしたこと

山田　高橋さん、休みのあいだに、王さんのお宅へ行ったんですよね。_____。

高橋　とても楽しかったです。

山田　王さんのご家族は？

高橋　お父さんもお母さんもとてもやさしくていい方です。王さんはお父さんに_____と思いました。

山田　そうですか。じゃあ、王さんのお父さんも_____んですね。それで、王さん

のお宅で_____んですか。

高橋 みんなで掃除したり特別な料理を作ったりして、春節の準備をしたんです。王さんの_____ではお父さんが料理を作るんですよ。

山田 ええ？お父さんが？

高橋 ええ。作っているあいだ、_____んですけど、本当に上手でした。

山田 そうですか。

高橋 大みそかにはみんなでギョーザを作って、_____ときに食べたんです。おいしかったですよ。

山田 よかったですね。中国でも日本でも大みそかの晩は_____なんですね。

高橋 そうですね。新年になったら街のあちこちで_____して、とてもにぎやかでした。

山田 そうですか。

高橋 それから、王さんの親類のお宅で_____、おおぜいで食事したりしたんです。

山田 _____ね。

ユニット3　読解文　日本の正月

　中国の人々_____1年でいちばん大きな_____である春節は、旧暦の正月のことである。日本で_____正月は、西暦の新年のことを言う。

　日本では、たいてい12月29日に正月休みが_____。職場では28日に「仕事納め」がある。その_____はテレビニュースにもなり、年末の_____となっている。

　正月休みは_____ときだ。会社は1週間ほど休みになり、学校も冬休みだから、_____人や_____学生がおおぜい帰省し、_____のあいだ、街は静かになる。

　暮れには家族で大掃除をしたり門松を立てたり「おせち料理」という_____を作ったりする。大みそかの夜には、その家が永く続くことや長寿_____、細く長いそばを食べる習慣がある。これが「年越しそば」である。_____とき、寺の鐘が108回_____。「除夜の鐘」である。鐘の音を聞き、人々は行く年を_____。そして、新しい気持ちで来る年を_____。

　新年には、神社や寺へ_____に行く。うちに帰ってから「お雑煮」と「おせち料理」を食べる。「おせち料理」にはいろいろなものがあり、_____に意味がある。たとえば、_____を願って、「数の子」を食べる。「黒豆」は「まめ（健

康）」、昆布は「よろこぶ」、鯛は「めでたい」などを意味するが、これらは言葉遊び_____である。

　正月三が日のあと、仕事_____。職場では「仕事始め」があり、人々は_____年始の挨拶をする。これも年始の風景の一つだ。_____、1年が始まる。

Ⅳ. kittyの中国発見

健康志向

　大家好！kittyです。秋はおいしいものがたくさんあっていい季節ですね。ついつい食べ過ぎてしまい、翌日体重計にのってビックリということもしばしば……。おいしいものを食べるのは好きだけど、健康は維持したい、そんな思いは中国人も同じようです。先日も中国人と一緒に食事をした席で、健康談義が始まりました。中国人は口々に「湯、糖、躺、烫」は体に悪いと言います。「湯、糖、躺、烫」の意味は、「湯tāng（スープ）」を飲みすぎること、「糖táng（砂糖）」甘いものを食べること、「躺tǎng（横になる）」食べてすぐ横になること、「烫tàng（熱い）」極端に熱いものを食べること。これらの4つのことは体に悪いと言っているのです。どれも同じ「tang」という音で覚えやすいですね。スープを飲みすぎることが体に悪いというのはなぜでしょう。疑問だったので尋ねてみたところ、食事の最後にスープを飲む北方人の習慣がよくないのだそうです。スープは南方式に最初に飲むのがいいとのこと。食事で満腹になってからスープではどうしても食べ過ぎになりますよね。なるほど。ダイエットのためにみなさんもスープは是非南方式でどうぞ。

第17課　コンサート

単語帳

イメージ　ヒント　カルチャー　ポップカルチャー　ポップアーティスト　ブログ　バンド　ロール
カード　ロールプレイ　コート　トピック　オートバイ　カップル　エンターテインメント
雨　雪　鳥　秋　席　組　彼　彼ら　歌手　世代　事故　途中　自信　専攻　体重
方法　料金　信号　半分　洋服　財布　忘れ物　入り口　現状　意見　伝統　互い
親しみ　国境　疑問詞　記念日　大衆　最新　救急車　公衆電話　首都　国家
用事　基礎　生　はず　ところ　-法　-周年
遅刻　帰国　花見　観光　演奏　普及　記念　肯定　否定　排除
笑う　迷う　間に合う　話し合う　泣く　すく　気づく　急ぐ　思い出す　飛び出す　飛ぶ
増える　消える　与える　過ぎる　やめる　壊れる　触れる　着る　呼ぶ　出る　眠る
黙る　降る　広がる　受け入れる　接する　感じる　役立てる　待ち合わせる
急　まっすぐ　もう　すぐ　いったい　先に　ますます　つまり　活発　まったくさらに
ゆっくり　直接　このよう　どのよう
申し訳ありません
首都体育館　国家図書館　中日国交回復　香港　周　カナダ　ハワイ

文法リスト

～と＜条件＞
～はずだ＜判断、估计＞
Vて行く／来る＜主体的移动＞
ので＜原因、理由＞
Vるまで＜状态持续的终点＞
Vないで＜动作的否定＞
～というN＜内容＞
～ないと～ない＜否定性条件＞

～かもしれない＜推測＞
Vた／Vないほうがいい＜建議、忠告＞
～のは、（～からではなくて）～からだ
　　＜原因、理由＞
Nの／Vる途中で＜动作进行中＞
疑問詞＋でも＜全称肯定＞
～か～＜疑問＞

Ⅰ. 文字·词汇·语法

1. 写出下列画线部分汉字的正确读音。

    (1) お金がないと困ります。
    (2) 携帯電話は普通の電話よりずっと便利です。
    (3) 時間がないから、急いで行きましょう。
    (4) わたしの専攻は日本経済です。
    (5) 次の質問に答えてください。
    (6) インターネットのおかげで情報交換が速くなった。
    (7) 交通事故の原因を調査している。
    (8) また遅刻したのですか。
    (9) 彼はずっと黙っていた。
    (10) 中国でコンサートを開く海外の歌手が多くなった。

(1)	(2)	(3)	(4)	(5)
(6)	(7)	(8)	(9)	(10)

2. 将下列画线部分的假名改写成汉字。

    (1) としょかんで本を借りたり資料を調べたりします。
    (2) コンサートは7時からです。まだまにあいますよ。
    (3) 家へ帰るとちゅうで雨が降りました。
    (4) 日本のアニメと漫画は中国の若者にとてもにんきがある。
    (5) 来週の試合はあまりじしんがないです。
    (6) まず、名前と学生ばんごうを書いてください。
    (7) リンゴをはんぶんに切って食べた。
    (8) この学生寮は電気りょうきんがかからない。
    (9) 年に1回きこくしています。
    (10) ようじがあるので、今夜のパーティーには行けません。

(1)	(2)	(3)	(4)	(5)
(6)	(7)	(8)	(9)	(10)

3．完成下列表格。

日本語	英　語	中国語
		大衣、外衣
	Dj (disk jockey)	
コンサート		
	topic	
		忠告、建议
バンド		
		小论文
	Pop culture	

4．从a～d中选择一个正确答案。

(1) 日本人は中国人と顔も同じで、同じ漢字を使っているので、大変_____を感じます。
　　a．悲しみ　　b．喜び　　c．楽しみ　　d．親しみ

(2) 今からでも開演に_____ので、行ってみましょうか。
　　a．間に合う　　b．役立てる　　c．思い出す　　d．待ち合わせる

(3) 日本に住む中国人は、ここ数年、毎年１０万人ずつ_____いる。
　　a．出て　　b．増えて　　c．与えて　　d．触れて

(4) 車が多いから、道路に_____と危ないよ。
　　a．接する　　b．着る　　c．呼ぶ　　d．飛び出す

(5) バスが来ました。_____ください。
　　a．気づいて　　b．急いで　　c．迷って　　d．消えて

(6) ショッピングセンターは、あの信号を_____と２～３分ほどで左手に見えます。
　　a．やめる　　b．歩く　　c．過ぎる　　d．走る

(7) これから世界は_____どう変わるのでしょう。
　　a．まったく　　b．特別に　　c．かならず　　d．いったい

(8) 食事のとき、好きなものを_____食べますか、それとも、あとで食べますか。
　　a．さきに　　b．うちに　　c．ほかに　　d．さらに

(9) この道を_____行くと、公園があります。
　　a．ますます　　b．まっすぐ　　c．まったく　　d．まだまだ

(10) お正月は_____休んでください。
　　a．まったく　　b．ゆっくり　　c．いったい　　d．ますます

5. 将（　）中的词变成适当的形式填空。

(1) 夏休みにアルバイトをしますから、どこへも（行く）＿＿＿＿＿。

(2) 黒板に字を大きく（書く）＿＿＿＿＿と後ろの人が困ります。

(3) もう遅いですから電話を（かける）＿＿＿＿＿ほうがいいです。

(4) A：李さん、来ませんね。
　　B：あっ、あの（走ってくる）＿＿＿＿＿人が李さんじゃないですか。

(5) A：診察室へ入ってもいいですか。
　　B：お名前を（呼ぶ）＿＿＿＿＿までここで待っていてください。

(6) 新聞を（読む）＿＿＿＿＿ので事故のことを知りませんでした。

(7) 明日は（暇だ）＿＿＿＿＿ので買い物に行きます。

(8) マナさんは美術学校へ行っているので絵が（上手だ）＿＿＿＿＿はずです。

(9) 8時の授業に（間に合う）＿＿＿＿＿かもしれないから走り急ぎましょう。

(10) パソコンで（作業する）＿＿＿＿＿途中で映画や音楽を見ることができます。

(11) いつもバスに（乗る）＿＿＿＿＿で、駅まで歩いて行きます。

(12) 先生は何と（言う）＿＿＿＿＿か覚えていません。

(13) 授業に（遅れる）＿＿＿＿＿のは、バスが故障したからです。

(14) アリさんがあまり新聞を（読む）＿＿＿＿＿のは、漢字がぜんぜんわからないからです。

(15) 夏目漱石の『吾輩は猫である』という小説を（読む）＿＿＿＿＿ことがありますか。

6. 下面（　）中填入适当的助词。每个（　）填一个假名。

(1) このボタンを押す（　）テープ（　）止まります。

(2) タバコは体（　）悪い（　）（　）やめたほうがいいです。

(3) 歩道橋（　）渡ると、うちの大学（　）見えます。

(4) A：明日のコンサート、一緒に行きませんか。
　　B：いいですね。どこ（　）待ち合わせましょうか。

(5) 学生が分かる（　）（　）先生は何回（　）説明しました。

(6) A：ちょっとすみません。300番のバス停はどこにありますか。
　　B：この信号（　）左（　）曲がる（　）向こうにあります。

(7) A：今晩、食事に行きませんか。
　　B：すみません。用事がある（　）（　）、お先に失礼します。

(8) スーパーは百貨店（　）（　）安いから、ここで買ったほうがいい。

(9) A：王さん、一人（　）来られますか。
　　B：来られるはずですよ。前に来たことがあるから。
(10) 家へ帰る途中（　）雨が降りました。
(11) 病院へ行ったのは風邪を引いた（　）（　）です。
(12) あの子はいつもお母さんが帰る（　）（　）外で遊んでいます。
(13) 学校の図書館は誰（　）（　）入れますか。
(14) 駐車場の入り口はどこにある（　）分かりません。
(15) 私は誰（　）（　）（　）友達になりたいです。
(16) 本を見ないで質問（　）答えてください。

7．完成下面的句子。

(1) この道は、夜は危ないですから＿＿＿＿＿＿＿＿＿＿＿＿＿＿＿＿＿＿。
(2) 午後、雨が降るかもしれません。＿＿＿＿＿＿＿＿＿＿＿＿＿＿＿＿＿。
(3) この道をまっすぐ行くと＿＿＿＿＿＿＿＿＿＿＿＿＿＿＿＿＿＿＿＿。
(4) A：昨日から頭が痛いです。
　　B：それはいけませんね。＿＿＿＿＿＿＿＿＿＿＿＿＿＿＿＿＿＿。
(5) 夕食までまだ時間があるので＿＿＿＿＿＿＿＿＿＿＿＿＿＿＿＿＿。
(6) 今日は道があまり混んでいません。＿＿＿＿＿＿＿＿＿＿＿＿＿＿＿。
(7) 友達が約束を守らなかったので＿＿＿＿＿＿＿＿＿＿＿＿＿＿＿＿。
(8) 学校の食堂ですから、料理は＿＿＿＿＿＿＿＿＿＿＿＿＿＿＿＿＿。
(9) 10年ぶりですから＿＿＿＿＿＿＿＿＿＿＿＿＿＿＿＿＿＿＿＿＿＿。
(10) 会議の途中で＿＿＿＿＿＿＿＿＿＿＿＿＿＿＿＿＿＿＿＿＿＿＿。
(11) A：何を調べているんですか。
　　B：＿＿＿＿＿＿＿＿＿＿＿＿＿＿＿＿＿＿＿＿＿＿＿＿＿＿＿＿。
(12) デパートで買えないのは＿＿＿＿＿＿＿＿＿＿＿＿＿＿＿＿＿＿＿。
(13) A：生のものは嫌いですか。
　　B：いいえ、嫌いなのではなくて＿＿＿＿＿＿＿＿＿＿＿＿＿＿＿。
(14) 「物まね」という番組を＿＿＿＿＿＿＿＿＿＿＿＿＿＿＿＿＿＿＿。
(15) A：デパートで何か買いましたか。
　　B：財布を忘れたので＿＿＿＿＿＿＿＿＿＿＿＿＿＿＿＿＿＿＿。

8. 从a～d中选择一个正确答案。

(1) _____と、勉強に集中できます。
　　a．静か　　　b．静かな　　　c．静かだ　　　d．静かで

(2) 辞書を_____、読み方が分かりません。
　　a．引くと　　b．引いていると　c．引いたと　　d．引かないと

(3) 高橋さんは演劇が好きだから、歌舞伎のことをよく知っている_____だ。
　　a．こと　　　b．はず　　　　c．もの　　　　d．ところ

(4) この図書館は誰_____自由に利用できる。
　　a．から　　　b．まで　　　　c．でも　　　　d．だけ

(5) きょうは寒いから遊びに_____、ネットサーフィンをします。
　　a．出かけない　b．出かけなくて　c．出かけないで　d．出かけないに

(6) あんなつまらないことは、_____ほうがいいと思います。
　　a．知る　　　b．知って　　　c．知り　　　　d．知らない

(7) 映画が始まる_____、ずっと携帯でツイッターを見ていました。
　　a．間　　　　b．間に　　　　c．まで　　　　d．までに

(8) ちょっと_____ので、買いませんでした。
　　a．地味　　　b．地味だ　　　c．地味な　　　d．地味に

(9) A：ああ、暑い。
　　B：何か冷たいものでも買って_____か。
　　a．来ましょう　b．行きましょう　c．いましょう　d．ありましょう

(10) 映画は何時に_____分かりません。
　　a．始まる　　b．始まった　　c．始まるか　　d．始まるかどうか

9. 选择与画线句子意思最相近的句子。

(1) 話がおもしろくないと、だれも聞きません。
　　a．話がおもしろくないから、だれも聞きませんでした。
　　b．おもしろいことを話しましたが、誰も聞きませんでした。
　　c．みんなはおもしろい話しか聞きません。
　　d．みんなはおもしろい話を聞きたくないです。

(2) 子どもは大人の半分の料金で映画が見られます。
　　a．映画を見る子どもは大人より半分多いです。
　　b．映画を見る子どもは大人より半分少ないです。
　　c．映画のチケットの子ども料金は、大人の1.5倍です。
　　d．映画のチケットの子ども料金は、大人の半額です。

(3) 正月休みが2日しかないから、高橋さんは帰国しないはずです。
   a．正月には高橋さんは2日に帰国しないだろう。
   b．正月休みが短かったら、高橋さんは帰国しない。
   c．2日は休みではないから、高橋さんは帰国しないだろう。
   d．正月休みが2日だけだから、高橋さんは帰国しないだろう。
(4) そのケーキはどのように作るのか教えてください。
   a．そのケーキの食べ方を教えてください。
   b．そのケーキの作り方を教えてください。
   c．いつそのケーキを作ったか教えてください。
   d．どうしてそのケーキを作ったか教えてください。

10. 正确排列a～d的顺序，并选择最适合填入＿＿★＿＿的部分。

(1) 分からないときは、＿＿＿＿　＿★＿、＿＿＿＿　＿＿＿＿ください。
   a．考えて　　　　b．聞かないで　　　c．自分で　　　　d．先生に
(2) 外国のポップカルチャーが中国の若者に＿＿＿＿　＿＿＿＿　＿★＿　＿＿＿＿が
   ある。
   a．影響を　　　　b．意見　　　　　　c．という　　　　d．与えている
(3) ＿＿＿＿　＿★＿　＿＿＿＿　＿＿＿＿ので、遅れました。
   a．事故に　　　　b．あった　　　　　c．途中で　　　　d．来る
(4) ＿＿＿＿　＿＿＿＿　＿＿＿＿　＿★＿覚えていません。
   a．内容　　　　　b．映画は　　　　　c．どんな　　　　d．だったか
(5) 電気がついているから、王さんは＿＿＿＿　＿＿＿＿　＿＿＿＿　＿★＿です。
   a．に　　　　　　b．はず　　　　　　c．部屋　　　　　d．いる
(6) パーティーに出たのは、＿＿＿＿　＿★＿　＿＿＿＿　＿＿＿＿、仕事だったからだ。
   a．から　　　　　b．では　　　　　　c．出たい　　　　d．なくて
(7) ＿＿＿＿　＿＿＿＿　＿＿＿＿　＿★＿がいいですよ。
   a．ほう　　　　　b．早く　　　　　　c．計画を　　　　d．立てた
(8) ＿＿＿＿　＿＿＿＿　＿＿＿＿　＿★＿、レポートが書けません。
   a．を　　　　　　b．と　　　　　　　c．決めない　　　d．トピック
(9) ＿★＿　＿＿＿＿　＿＿＿＿　＿＿＿＿、無料で歌を聞くことができます。
   a．と　　　　　　b．に　　　　　　　c．登録する　　　d．ここ
(10) 先輩が＿＿＿＿　＿＿＿＿　＿＿＿＿　＿★＿帰れません。
   a．言う　　　　　b．と　　　　　　　c．まで　　　　　d．帰ってもいい

11. 将下列句子译成日语。

(1) 只有上到顶层，才能看到电视塔（テレビタワー）。

(2) 黄金周期间酒店非常紧张，最好早些预订。

(3) 只有新鲜的鱼，才能做生鱼片。

(4) 出国旅游的人明天请带两张照片来。

(5) 交通不方便的话，不会有人愿意住这里吧。

(6) 据说飞机起飞之前一直可以使用电脑。

(7) 运动了三个小时，累了，想休息。

(8) 一月份的海南应该不会冷，所以不需要大衣。

(9) 最好确认一下安全出口在哪儿。

(10) 这次乒乓球比赛失利是因为受伤三个月没训练造成的。

(11) 马纳没上课不是因为得病了，而是因为去车站接他父母了。

(12) 中国人都知道长城。

(13) 「まぼろし」这个词是什么意思？

(14) 因为起晚了，所以没吃早饭就来了。

(15) 不懂日语在日本公司工作很难。

第17課　コンサート

Ⅱ．听力

1．听录音，选择正确答案。

(1) _____ (2) _____ (3) _____ (4) _____

2．听录音，回答下列问题。

李さんは山田さんの家へ向かっている途中です。
(1) 山田さんの家はA～Fのどれですか。
(2) 李さんの見た赤い車がある家はA～Fのどれですか。

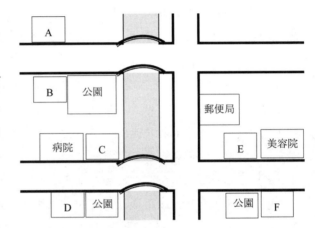

3．听录音，判断正误。

(　) (1) 王さんがアルバイトをするのは、いろいろな経験がしたいからです。
(　) (2) 王さんのアルバイトは中国人に日本語を教えるというものです。
(　) (3) 鈴木さんは、大学生はアルバイトをたくさんしたほうがいいと思っています。
(　) (4) 鈴木さんは、王さんがこのアルバイトをしないほうがいいと思っています。

4．听录音，从1～3选项中选择最佳应答。

(1) _____ (2) _____ (3) _____ (4) _____

Ⅲ. 閲読

阅读下面的文章，根据其内容回答问题。

秋葉原の案内

　秋葉原は外国人観光客にとても人気があります。みなさんがご存知のように、秋葉原では電気製品を安く買えます。しかし、最近では電気製品が安いからではなく、ほかの理由で秋葉原を観光する外国人が増えています。

　例えば、アニメやゲームソフトに関連した商品を売っているお店が多いこと、これも人気がある理由です。ほかの場所ではなかなか買うことのできない珍しいものも、秋葉原では買えるかもしれません。日本のアニメが好きな外国人の観光客にとって秋葉原は、行ってみたい場所のひとつです。

　（ア）、秋葉原は2005年につくばエキスプレスが開通して、交通がいっそう便利になりました。そのため、秋葉原にはオフィスビルも増えています。東京に来たら秋葉原を観光して、新しい秋葉原を見てください。

問題

（1）次の中から、空欄（ア）に正しい接続詞を選んで入れなさい。
　　a．また　　b．だから　　c．それで　　d．なぜなら

（2）文章の内容と符合しないものを選びなさい。
　　a．たくさんの外国人観光客が秋葉原に行きます。
　　b．秋葉原にオフィスビルが増えたのは、交通が便利になったからです。
　　c．作者は秋葉原に行ったほうがいいと思っています。
　　d．秋葉原はアニメやゲームの関連商品だけで人々を魅了しています。

最後に会話文と読解文を読み直して、_____を埋めなさい。

　ユニット1　会話　コンサート

王　　_____、これ。あしたのチケットです。
高橋　あ、_____。
王　　あしたは6時に首都体育館の入り口で_____か。
　　　李さんともそこで会おうと_____しましたから。

高橋　首都体育館って、どこですか。わたし、わかるでしょうか。
王　　大丈夫ですよ。国家図書館はわかりますね。国家図書館＿＿＿＿、左に首都体育館が＿＿＿＿。そこの入り口で6時に。
高橋　はい、＿＿＿＿た。
王　　あ、それから、携帯電話を持っていったほうがいいですよ。それと、夜は寒くなるので、コートを着て＿＿＿＿よ。
高橋　はい。じゃあ、あした。
王　　じゃあ、あした。
王　　啊！
男の人　大丈夫？ああ、＿＿＿＿なあ。
王　　救急車を呼ばないと…。あ！　携帯電話を＿＿＿＿！
男の人　あ、日本語ができるんですね。
　　　　いやあ、急にこの子が＿＿＿＿んですよ。
王　　あそこに公衆電話がありますね。じゃあ、わたしが電話を＿＿＿＿。
男の人　すみませんが、中国語は＿＿＿＿ので、救急車が来るまで＿＿＿＿。
王　　え？困ったなあ…。＿＿＿＿コンサートに間に合わないんです。
男の人　すみません。＿＿＿＿、お願いします。

ユニット2　会話　遅刻

高橋　王さん、＿＿＿＿。どうしたんでしょうか。
李　　コンサート、＿＿＿＿よ。あのう、王さんはチケットを持っていますか。
高橋　ええ。＿＿＿＿ですけど…。
李　　そうですか。じゃあ、席で会えると思いますよ。会場に＿＿＿＿。
高橋　そうですね。王さん、＿＿＿＿。
　　　どこかで事故にあったの＿＿＿＿ね。
李　　大丈夫ですよ。きっと＿＿＿＿よ。
王　　李さん、高橋さん。
高橋　王さん！よかった。＿＿＿＿か。
王　　すみません。＿＿＿＿よ。来る途中で事故が…。
李　　＿＿＿＿、行きましょう。
王　　高橋さん、ずっと＿＿＿＿けど、＿＿＿＿ですか。
高橋　…王さん、どうして＿＿＿＿んですか。＿＿＿＿、すごく心配したんですよ。

王　　　すみません。携帯電話を忘れたので。
高橋　　でも、公衆電話があったでしょう？
李　　　高橋さん、王さんが電話が_____のは、電話がなかった_____て、電話番号が携帯_____、わからなかったからですよ。
高橋　　わたしの番号、_____んですか。
王　　　え…。

ユニット3　読解文　ポップカルチャー

　ポップカルチャーは、「大衆文化」のことである。最近は、特に若者のエンターテインメント_____。それぞれの国のポップカルチャーはその国の若者だけでなく、外国の多くの若者も_____いる。中国では日本や韓国の音楽やファッションが若者の間で_____いる。

　中国では、2000年の秋以降、数万人の人が日本へ観光旅行に_____いる。その中の多くが若者だ。彼らは日本の_____に直接接して帰ってきているはずだ。また、北京では、2002年の_____に、日本の有名なバンドや歌手がコンサートを開き、中国の多くの若者が生の歌や演奏を_____だ。さらに、最近はインターネットも_____いるので、いつでも最新の情報に触れられる。

　このような現状について、_____意見と_____意見がある。「外国のポップカルチャーに人気が_____と中国の伝統は_____かもしれない」と考える人は、「あまり受け入れないほうがよい」と言う。「互いの文化を楽しく受け入れられると、互いに_____ことができるはずだ」、「中国には『洋为中用』、つまり外国のものを中国に_____という考えがあるから、はじめから排除しないで、受け入れたほうがよい」と言う人もいる。

　これからはますます外国との経済交流、文化交流が_____、外国のポップカルチャーが_____だろう。外国のポップカルチャーが中国の若者にどのような_____かはまだわからない。

第18課　病　気

単語帳

ストレス　サービス　ラッキー　ファミコン

眉 耳 鼻 あご 首 肩 胸 足 腰 腕 指 体 涙 熱 つめ 背中 身体 ひじ のど せき 鼻水 鼻血 吐き 寒気 けが 気分 体調 調子 体温計 体温 食欲 吐き気 息抜き うがい薬 朝晩 食前 食後 2、3日 本棚 洋室 和室 管理人 かぎ おかゆ おかげ 小型 成績 火事 天ぷら 卓球 遅れ 今まで 以上 このまま ～とおり

診察 予約 お見舞い 安心 中止 寝不足 返事 看病

動く 効く 気がつく 持ち歩く 騒ぐ 落とす 取り戻す 頼む 寝る 謝る 計る 診る 治る はれる 下がる たまる かける 助ける 組み立てる

つらい ありがたい だるい かゆい 退屈 完全 ずいぶん できるだけ ちゃんと 絶対に かなり もう 一番 それに それとも

-計 -度 -分（ふん） -分（ぶ） -錠 -前 -後 -番 和- -人 洋- -日

文法リスト

Vる／Nの前に＜动作的顺序＞
で＜原因、理由＞
Vるようにする＜目标＞
Vてくれる／あげる／もらう＜动词的受益态＞
感覚形容词
それに＜并列＞

もう＜加强语义＞
Vたあとで＜动作的顺序＞
Vて／A₁くて／A₂で＜原因、理由＞
Vる／Vた／Nのとおり＜基准、标准＞
～と聞く＜间接引语＞
それとも＜选择＞

Ⅰ. 文字・词汇・语法

1. 写出下列画线部分汉字的正确读音。

   (1) 病気なので、食欲がない。
   (2) 熱を計ってみました。38度5分でした。
   (3) 食前と食後の薬を間違えないでください。
   (4) お見舞いの時、何を持って行ったらいいですか。
   (5) 気分が悪いので、どこへも行きませんでした。
   (6) 李さんは体の具合が悪いと言って帰りました。
   (7) 面白くて涙が出てきた。
   (8) 田中さんに頼んで作文を直してもらった。

(1)	(2)	(3)	(4)
(5)	(6)	(7)	(8)

2. 将下列画线部分的假名改写成汉字。

   (1) 家族の手紙を読んであんしんしました。
   (2) 李君はときどき熱が出てじゅぎょうを休みます。
   (3) 9月になると、あさばんは涼しくなります。
   (4) 友達との約束をわすれました。
   (5) 趣味はたっきゅうです。
   (6) この電子辞書のせつめいは分かりやすいです。
   (7) かんたんで使いやすいカメラがほしいです。
   (8) わたしは中学のとき数学のせいせきが悪かった。
   (9) マナさんはかぜで学校を休みました。
   (10) 恋人からもらったプレゼントをたいせつにします。

(1)	(2)	(3)	(4)	(5)
(6)	(7)	(8)	(9)	(10)

3. 从 a～d 中选择一个正确答案。

   (1) 最近＿＿＿がたまって胃の調子が悪い。
       a．サービス　　b．ラッキー　　c．ストレス　　d．ファミコン

第18課 病気

(2) ときどき＿＿＿をして、「過労死」にならないように注意したい。
　　a．遅れ　　　　b．持ち歩き　　c．取り戻し　　d．息抜き
(3) 毎晩薬を飲んでも眠れないので＿＿＿。
　　a．おそい　　　b．つらい　　　c．だるい　　　d．ちかい
(4) 薬が＿＿＿、熱が下がりました。
　　a．助けて　　　b．動いて　　　c．たまって　　d．効いて
(5) 飛行機のチケットを旅行会社に＿＿＿取ってもらった。
　　a．頼んで　　　b．計って　　　c．落として　　d．かけて
(6) 長年苦しんだ頭痛が、漢方で＿＿＿。
　　a．診た　　　　b．なおった　　c．もどった　　d．下がった
(7) まじめな話なんだから、＿＿＿聞いてくれ。
　　a．かなり　　　b．さらに　　　c．ちゃんと　　d．ずいぶん
(8) 手作りのセーターを＿＿＿高く売りたい。
　　a．たぶん　　　b．すっかり　　c．まっすぐ　　d．できるだけ
(9) 結婚してから夫婦だけで＿＿＿食事をしたのはひさしぶりです。
　　a．びっくり　　b．ゆっくり　　c．けっして　　d．まったく
(10) あの人には＿＿＿2度と会いたくない。
　　a．もう　　　　b．まだ　　　　c．なかなか　　d．きっと
(11) 田中先生の講義は分かりやすいです。＿＿＿話も面白くて好きです。
　　a．それに　　　b．しかし　　　c．それでは　　d．こうして
(12) 卒業してから就職するか、＿＿＿大学院に進むかまだ決めていない。
　　a．つまり　　　b．それから　　c．それで　　　d．それとも

4．从a～d中选择一个正确答案。

(1) レポートを＿＿＿前に、資料を調べました。
　　a．書く　　　　b．書き　　　　c．書いて　　　d．書いた
(2) 晩ごはんを＿＿＿あとで30分ぐらい散歩しました。
　　a．食べる　　　b．食べ　　　　c．食べて　　　d．食べた
(3) みんなで＿＿＿とおりに、パーティーを開きました。
　　a．決める　　　b．決め　　　　c．決めて　　　d．決めた
(4) 北京ではできるだけ生水を＿＿＿ようにしてください。
　　a．飲まない　　b．飲まなくて　c．飲まないで　d．飲んで
(5) 高橋さんは風邪＿＿＿学校を休んでいました。
　　a．で　　　　　b．に　　　　　c．が　　　　　d．を

(6) 荷物が_____、1人では運べません。
   a．重い　　　b．重くて　　c．重かった　　d．重

(7) 私が困っているとき友達が手伝って_____、ほんとうに助かりました。
   a．あげて　　b．くれて　　c．もらって　　d．いただいて

(8) 傘を持っていなかったので友達に貸して_____。
   a．あげました　b．くれました　c．もらいました　d．くださいました

5. 在（　）中填上适当的助词。一个（　）填一个假名。

(1) おとといから頭（　）痛くてせき（　）出ます。
(2) 寝る前に「お休みなさい」（　）言います。
(3) 体の具合が悪い（　）（　）医者（　）診てもらわないと。
(4) 大雨（　）午後の試合（　）中止になった。
(5) 仕事（　）終わったあと（　）一緒に飲みましょう。
(6) 授業（　）休む時、必ず電話（　）連絡するようにしてください。
(7) 1日（　）かからないで、この小説を読み終わった。
(8) 雨がまだ降っています。明日の天気（　）心配（　）なります。
(9) 冗談ですから、気（　）しないでください。
(10) 李さんが泣いているの（　）気（　）つかなかった。
(11) 先生はみんなが分かる（　）（　）何回（　）丁寧に説明してくださいました。
(12) マリさんからこのニュースは本当だ（　）聞きました。

6. 将（　）中的词改成适当的形式填空。

(1) グループ活動ですから、必ず時間を（守る）_____ようにしてください。
(2) この機械が止まるまで（触る）_____ようにしてください。
(3) （泳ぐ）_____あとでシャワーを浴びました。
(4) カメラを（使う）_____前に説明書をよく読んでください。
(5) さっき先生が（説明する）_____とおりに、やってみてください。
(6) 高橋さんは、今自習室で宿題を（する）_____はずです。
(7) 寮は（うるさい）_____勉強ができません。
(8) 論文がうまく（書ける）_____ので悩んでいます。
(9) 先生に漢字の読み方を（教える）_____いただきました。
(10) みんなの前で（発表する）_____のは初めてです。

7．完成下列句子。

(1) わたしの家ではご飯を食べる前に＿＿＿＿＿＿＿＿＿＿＿＿＿＿＿＿＿＿＿＿。
(2) 教室を出る前に＿＿＿＿＿＿＿＿＿＿＿＿＿＿＿＿＿＿＿＿＿＿＿＿＿＿。
(3) 工場を見学したあとで＿＿＿＿＿＿＿＿＿＿＿＿＿＿＿＿＿＿＿＿＿＿。
(4) ＿＿＿＿＿＿＿＿＿＿＿＿＿＿＿＿＿＿＿＿＿＿と聞いて、安心しました。
(5) 食事のあとで＿＿＿＿＿＿＿＿＿＿＿＿＿＿＿＿＿＿＿＿＿＿＿＿＿＿。
(6) この図のとおりに＿＿＿＿＿＿＿＿＿＿＿＿＿＿＿＿＿＿＿＿＿＿＿＿。
(7) スーパーは品物が多いです。それに、＿＿＿＿＿＿＿＿＿＿＿＿＿＿＿＿。
(8) ＿＿＿＿＿＿＿＿＿＿＿＿＿＿＿＿＿＿＿＿で同窓会に行けませんでした。
(9) 誕生日に、彼氏が＿＿＿＿＿＿＿＿＿＿＿＿＿＿＿＿＿＿てくれました。
(10) 明日はひまです。よかったら＿＿＿＿＿＿＿＿＿＿＿＿＿＿＿＿＿＿＿。

8．选择与画线句子意思最相近的句子。

(1) <u>王さんがコンサートに誘ってくれました。</u>
　　a．王さんが友達をコンサートに誘いました。
　　b．王さんがわたしをコンサートに誘いました。
　　c．わたしは王さんをコンサートに誘いました。
　　d．友達は王さんをコンサートに誘いました。
(2) <u>高橋さんがおいしいてんぷらを作ってくれました。</u>
　　a．高橋さんはてんぷらを作るのを手伝いました。
　　b．高橋さんはおいしいてんぷらを作ってもらいました。
　　c．高橋さんはわたしたちにおいしいてんぷらを作りました。
　　d．高橋さんが作ってもらったてんぷらはおいしかったです。
(3) <u>起きていると、つらいでしょう。</u>
　　a．寝たとき、つらいでしょう。
　　b．起きる前は、つらいでしょう。
　　c．起きるとき、つらいでしょう。
　　d．寝ていないと、つらいでしょう。
(4) <u>わたしはきのう授業を休んだので、友達にノートを見せてもらいました。</u>
　　a．わたしは友達のノートを見ました。
　　b．友達はわたしのノートを見ました。
　　c．友達は自分のノートを見ました。
　　d．友達はノートを見てくれました。

9．翻译下面的短文。

　　今年何老师教我们一年级精读，她课上尽量用简单易懂的语言进行讲解。老师经常说：课前要好好预习，课后也要好好复习。她非常和蔼可亲，而且课的内容也有意思，我很喜欢。上周，我头痛，咳嗽，没食欲。老师让我回去好好休息，我担心落课，一直坚持到最后。今天听玛丽说明天考试，我打算按笔记再复习一遍。上周因为不舒服，没记笔记，笔记是玛丽替我记的。不明白的地方还要请她给我讲一下。玛丽说："画红笔的地方是重点，别忘记呦！"11点了，我想明天的考试不能迟到，早些休息。

Ⅱ．听力

1．听录音，选择正确答案。

　　(1) _____ (2) _____ (3) _____ (4) _____

2．听录音，选择正确答案。从a～d中选择符合录音内容的答案。

　　(1) _____ (2) _____ (3) _____ (4) _____

　　　a.　　　　b.　　　　c.　　　　d.

3．听录音，判断正误。

　　(　) (1) かばんを持ったのは張さんです。
　　(　) (2) レストランを教えたのは陳さんです。
　　(　) (3) 空港まで迎えに行ったのは私です。
　　(　) (4) 小説を貸したのは渡辺さんです。
　　(　) (5) 手紙を書いたのは李さんです。
　　(　) (6) 電話番号を教えたのは鈴木さんです。

4．听录音，选择正确的应答。

　　(1) _____ (2) _____ (3) _____ (4) _____

Ⅲ. 阅读

阅读下面的文章，根据其内容回答问题。

部屋を貸します！

　現在のルームメートが3月に引っ越しをするので、4月1日から住める人を探しています。部屋は2つあります。洋室が1ヶ月4万円、和室が1ヶ月3万5千円です。それぞれの部屋のドアには鍵もあります。また、部屋ではインターネットもできます。もっと詳しく知りたい人、見学したい人は、管理人にお問い合わせください（木村abc@de.com）。外国人も歓迎します。

場所：東京都東西区北山1—2—3
　　（北山駅から歩いて5分、近くにスーパーがあります。）
現在のルームメート：20代女性（日本人、中国語が少しできます。）
　　　　　　　　　　30代女性（中国人、日本語が上手です。）
部屋の広さ：約20㎡（洋室）、約18㎡（和室）
インターネット（3,000円/月）
◆ 前のルームメートが使っていたベッドと机はそのまま使用できます。冷蔵庫とテレビは共用です。

問題
　(1) 木村さんが部屋を貸すのはなぜですか。
　　　a. 4月に引越しをしようと考えているから。
　　　b. 外国人に部屋を貸して外国語を勉強したいから。
　　　c. 部屋に使っていないベッドと机があるから。
　　　d. 今住んでいる人が部屋を出るから。
　(2) 文章の内容と合致しているものを選びなさい。
　　　a. この部屋はスーパーから歩いて5分なので、買い物に便利です。
　　　b. 中国人しかこの部屋を借りることはできません。
　　　c. 自分の部屋でテレビを見ることができます。
　　　d. 前に住んでいた人のベッドや机を使えます。

最後に会話文と読解文を読み直して、＿＿＿＿を埋めなさい。

ユニット1　会話　診察

医者　次の方、どうぞ。高橋さん。えーっと、留学生ですね。
高橋　はい。＿＿＿＿＿＿＿＿。
医者　＿＿＿＿＿＿＿＿。
高橋　あのう、きのうの夜、＿＿＿＿＿＿、寝る前に薬を飲んだんですが、＿＿＿＿んです。＿＿＿＿、のどもとても痛いんです。
医者　じゃあ、まずこれで熱を計ってください。はい、じゃあ、＿＿＿＿＿ください。ああ、＿＿＿＿はれていますね。はい、いいですよ。
高橋　先生、＿＿＿＿最近ずっと食欲もないんです。
医者　そうですねえ。留学生活はいろいろと大変＿＿＿＿、ストレスがたまっているの＿＿＿＿。ときどき＿＿＿＿＿＿をしたほうがいいですよ。
高橋　はい。
医者　じゃあ、体温計を見せてください。38度7分。＿＿＿＿高いですね。＿＿＿＿、つらいでしょう。
高橋　ええ、ちょっと…。
医者　まあ、これはかぜだと思いますよ。薬を1週間＿＿＿＿＿＿出しますから、朝晩、2錠＿＿＿＿飲んでください。
高橋　食前ですか。それとも、食後ですか。
医者　食後です。それから、うがい薬も出しますから、できるだけうがいを＿＿＿＿＿。
高橋　はい。＿＿＿＿＿＿＿。
医者　たぶん2、3日で熱は下がるでしょう。でも、熱が下がったあとも、＿＿＿＿＿、ちゃんと薬を飲んで、よく休んでくださいね。
高橋　はい。ありがとうございました。
医者　＿＿＿＿＿＿＿＿。

ユニット2　会話　お見舞い

渡辺　ただいま。
高橋　＿＿＿＿＿＿＿＿＿＿。
王　　こんにちは。高橋さん、＿＿＿＿＿＿ですか。
高橋　あれ、王さん。どうしてここに…。
王　　渡辺さんから、高橋さんが病気で何日も授業を休んでいると聞いて、＿＿＿＿＿…。
高橋　それで＿＿＿＿＿＿んですか。＿＿＿＿＿＿＿。でも、この寮に男性は入れないはず

　　　　ですよね。
王　　ええ。でも、本当に心配だったから、渡辺さんに_____、寮のおばさんに説明するのを_____んです。
渡辺　ちょっと_____が、よく説明したら、入れてもらえました。_____でした。
王　　ええ。本当に渡辺さんの_____です。
高橋　_____。
王　　高橋さん、_____はどうですか。
高橋　おかげさまで、_____よくなりました。
王　　そうですか。_____しました。あ、これ、近くで買ってきたおかゆですが、_____。
高橋　わあ、いいにおいですね。ありがとうございます。_____！このあいだのコンサートのときは、_____。
王　　いいえ。電話をしなかった_____んです。_____。じゃあ、わたしは_____…。
渡辺　えっ、_____。
王　　ええ。高橋さん、_____くださいね。じゃあ、また。
高橋　じゃあ、また。_____。

ユニット3　読解文　高橋さんの日記：

中国に来てから今まででいちばんうれしかったこと

　今日、_____大学へ行った。風邪で1週間以上も授業を休んだのは_____。病院へ行く前は体がとてもだるくて、_____熱が下がらないかもしれないと思ったが、病院でもらった薬がよく_____。医者が_____、四日目には熱が下がり、食欲も_____。今は_____回復して、とてもいい_____だ。1週間分の授業の_____のは大変だが、病気になって_____と思う。私には_____友達がおおぜいいることに_____からだ。
　趙さんはずっと寝ていると_____だろうと言って、京劇のテープを買って_____。李さんは、いつも大切に持ち歩いている小型のファミコンを貸して_____。（できるだけ早く返さないと、今度は李さんが病気になるかもしれない！）山田先輩と鈴木さんは、_____を持ってきてくれた。_____、鈴木さんからは個人的にも_____をもらった。それは私が大好きな花だった。

そして、王さん。コンサートの日はけんかしたけど、一番にお見舞いに来てくれた。女子寮に入るのは簡単じゃなかっただろう。王さんが帰った_____、渡辺さんと二人でお見舞いのおかゆを食べた。おいしかった。王さんはどんな気持ちで来てくれたのだろう。そう思ったら、涙が出てきた。

最後に、渡辺さん。夜遅くまで_____。

病気になって、もちろん大変だったが、病気のおかげで_____がわかった。みんなのやさしさを_____。

第1単元の練習（第16～18課）

1. 写出下列画线部分汉字的正确读音。

   (1) これは<u>食前</u>のお酒です。
   (2) <u>観光</u>の途中で気分が悪くなった。
   (3) <u>急いで</u>出かけたので、財布を忘れてしまった。
   (4) この大学は、幼稚園から大学まで<u>続いて</u>います。
   (5) 賞味期限が<u>過ぎたら</u>食べないほうがいい。
   (6) ひとつのケーキをふたりで<u>半分</u>ずつ食べた。
   (7) この<u>方法</u>で作るともっとおいしくなります。
   (8) 李さんは一日中ずっと<u>黙って</u>いました。
   (9) もう<u>準備</u>はできましたか。
   (10) わたしのことは<u>忘れないで</u>ください。

(1)	(2)	(3)	(4)	(5)
(6)	(7)	(8)	(9)	(10)

2. 将下列画线部分的假名改写成汉字。

   (1) 中華料理はよく胡麻油で<u>あじ</u>をつけます。
   (2) 先生、<u>おたく</u>は大学から遠いですか。
   (3) 小学校の<u>ひるやすみ</u>は何時から何時までですか。
   (4) 昼食には自分で作った<u>べんとう</u>を持って行きます。
   (5) <u>だいとかい</u>ではこのようなお祭りはなかなか見られません。
   (6) 仕事の<u>かんけい</u>で北京に来ました。
   (7) 日本人と<u>したしく</u>付き合うために留学しました。
   (8) 夏休みに行く海外旅行の<u>けいかく</u>を立てました。
   (9) 部屋を出るときは<u>でんき</u>を消してください。
   (10) 味噌は日本の<u>でんとうてき</u>な調味料です。

(1)	(2)	(3)	(4)	(5)
(6)	(7)	(8)	(9)	(10)

3．从a～d中选择一个正确答案。

(1) _____周りの人に手伝ってもらわないで、自分でやってください。
 a．できるだけ　　b．よく　　c．いつも　　d．たいてい

(2) 田中さんは先週から_____休んでいます。
 a．しっかり　　b．もっと　　c．ずっと　　d．特に

(3) ここは学校から近く、静かで、_____いろいろな店もあって便利です。
 a．それで　　b．そんな　　c．それに　　d．それでは

(4) 本を片付けて、_____部屋をきれいに掃除してください。
 a．それから　　b．それとも　　c．だから　　d．でも

(5) 仕事が終わってから_____食事をしましょう。
 a．だんだん　　b．ゆっくり　　c．そろそろ　　d．はっきり

(6) 田中さんはフォークとナイフを_____使えます。
 a．とても　　b．はっきり　　c．上手に　　d．便利に

(7) 大学院に進学するか、_____就職するか、まだ決めていません。
 a．それから　　b．それに　　c．それとも　　d．そして

4．在下列（　　）里填入适当的助词。每个（　　）填一个假名。

(1) 道（　）渡る時、車（　）気をつけてください。
(2) 危ない（　）（　）ここ（　）は入らないでください。
(3) 病院（　）タバコを吸ってはいけません。
(4) 会議（　）終る（　）（　）待っていました。
(5) 英語は日本語（　）（　）難しいです。
(6) 学校（　）休んだのは病気だ（　）（　）ではなく、駅へ親を迎えに行った（　）（　）です。
(7) 交通事故（　）電車は1時間（　）（　）止まりました。
(8) この店は何時に閉まる（　）（　）教えてください。
(9) 日本料理なら何（　）（　）食べてみたいです。
(10) 運動不足（　）2キロも太ってしまった。
(11) 帰る途中（　）李さんが恋人と話をしている（　）（　）見ました。
(12) 90点以上を取った人は、李さんと王さんの2人（　）（　）です。

5．从a～d中选择一个正确答案。

(1) パーティーの時間に_____ときは、電話で連絡してください。
　　a．間に合う　　b．間に合わない　　c．間に合った　　d．間に合わなかった

(2) 材料を_____味をつけます。
　　a．細く切ってから　　　　　b．細く切てから
　　c．細い切て　　　　　　　　d．細い切ってから

(3) 4月になると桜が_____咲きます。
　　a．きれいで　　b．きれく　　c．きれいに　　d．きれい

(4) 週末にいつも子供と_____します。
　　a．遊んだり　　b．遊びたり　　c．遊ったり　　d．遊んで

(5) 日本では食事を_____時、「いただきます」と言います。
　　a．する　　b．して　　c．した　　d．しない

(6) お酒を_____と体によくない。
　　a．飲みすぎる　　　　　b．飲みすぎた
　　c．飲みすぎ　　　　　　d．飲みすぎて

(7) 辞書を_____と日本語の新聞が読めません。
　　a．見なかった　　　　　b．見ない
　　c．見る　　　　　　　　d．見なければ

(8) 壊れたテレビを_____、新しいのを買いました。
　　a．修理しないで　　　　b．修理しなくて
　　c．修理して　　　　　　d．修理しないと

(9) 電車を待っている_____、ずっとホームで本を読んでいました。
　　a．あいだ　　b．あいだに　　c．まで　　d．途中

(10) 親が旅行している_____、家で友達とパーティーを開きました。
　　a．あいだ　　b．あいだに　　c．まで　　d．途中

(11) 週末に美容院へ_____、偶然大学時代のルームメートに会った。
　　a．行ったら　　b．行くので　　c．行くから　　d．行った

(12) 駅へ_____途中で、大学時代の先生に会いました。
　　a．行った　　b．行こう　　c．行って　　d．行く

(13) 田中さんは奥さんがアメリカ人だから英語が_____はずです。
　　a．上手　　b．上手だ　　c．上手で　　d．上手な

(14) このことはまだ決まっていないから、他の人に_____ほうがいいですよ。
　　a．言う　　b．言わなかった　　c．言わない　　d．言った

(15) この団地は駅に近いから_____かもしれません。
　　　a．便利だ　　　　b．便利で　　　c．便利な　　　d．便利
(16) 皆さん、電話番号を_____ようにメモをしてください。
　　　a．間違えない　　b．間違いない　c．違わない　　d．間違い

6．完成下面的对话和句子。

(1) 田中さん、お願いがあるんですが。日本で日本語の電子辞書を買って来ていただけませんか。
　　李さんは田中さんに_____。
(2) 田中：李さん、刺身は嫌いですか。
　　李　：いいえ、嫌いじゃありません。料理をたくさん食べてもうおなかがいっぱいです。
　　李さんが刺身を食べなかったのは_____。
(3) 私　：田中さん、今よろしいですか。作文を直してくださいませんか。
　　田中：いいですよ。見せてください。
　　田中さんは_____。
(4) A：マナさんは、明日の同窓会に出席されるでしょうか。
　　B：_____はずです。休暇をとったと言っていましたから。
　　A：よかった。
(5) 私：あっ、もう7時半だ。授業に遅れそう。
　　母：朝ごはんは。
　　私：いらない。
　　私は_____ないで、_____。
(6) 講演の途中で_____。
(7) 家庭によって_____。
(8) このパソコンは修理しないと_____。
(9) 友達とお金は、私にとって_____。
(10) ノックしても、返事がありません。李さんは_____。

7．从 a～h 中选择正确的答案完成下面对话。

(1) A：すみませんが、コピーをお願いします。
　　B：はい、（　　）。
(2) A：飛行機の切符を買いました。ホテルも予約しておきました。

　　　　B：そうですか。（　　）。

(3) A：風邪ですから、今日はお風呂に入らないでゆっくり休んでください。

　　　　B：はい、（　　）。

　　　　A：（　　）。

(4) A：バンコクから持って来たお菓子です。（　　）。

　　　　B：わあ、おいしそうですね、じゃあ、遠慮なく（　　）。

(5) A：（　　）、携帯でメールが送れますか。

　　　　B：このボタンを押すと送れますよ。

(6) A：これ、中国の有名なお酒「茅台」です。もう一杯いかがですか。

　　　　B：ありがとうございます、でもたくさん飲みましたから、（　　）。

---

a．もう結構です　　　　　e．ありがとうございました
b．どのようにしたら　　　f．いただきます
c．分かりました　　　　　g．お大事に
d．ご苦労様でした　　　　h．よかったら、どうぞ

8．将下列句子译成日语。

(1) 不同的教师教学方法也不同。

(2) 结婚的事我只和父母商量。

(3) 去年暑假我一直在打工，没有回国。

(4) 手机一直关着直到会议结束。

(5) 我喝咖啡时不放糖。

(6) 听众是一年级学生，所以请尽量讲得简单些。

(7) 我给孩子叠了架纸飞机。

(8) 孩子长大了，什么都不跟我说，真头疼。

语法小结

助词	意思	例句
～と	条件	あの信号を曲がると、大学の前に出ます。
だけ＋格助词	限定	このことは高橋さんだけに言いました。
～ので	原因、理由	この辞書は便利なので、いつも使っています。
（数量词）ほど	概数	わたしは毎朝30分ほど運動しています。
～か～	疑问	コンサートはどこであるのか教えてください。
で	原因、理由	高橋さんは病気で学校を休んでいます。

	意思	例句
Vている	状态	このカメラは機能が優れている。
Vて行く／来る	移动	窓を開けると、小鳥が飛んできました。
Vてくれる／あげる／もらう	动词的受益态	王さん、コンサートに誘ってくれてありがとう。

句型	意思	例句
A₁く～／A₂に～	形容词连用修饰语用法	子供たちは庭で楽しく遊んでいます。
A₁く	并列	東北地方の長く厳しい冬は5か月も続く。
Vて／A₁くて／A₂で	原因、理由	行きたいんですが、仕事があって行けません。
～たり～たりする	交替、反复、并列	最近、寒かったり暑かったりして、体の調子が悪い。
Vたりする	示例	図書館で大きい声で話したりするのはよくない。
Vてから	先后顺序	毎朝キャンパスで朗読してから教室に行く。
～ないと～ない	否定性条件	わたしは部屋が暗くないと寝られません。
Vないで	动作的否定	辞書を使わないで新聞を読めるといいですね。
Vた／Vないほうがいい	建议、忠告	わからないときは先生に聞いたほうがいい。
Vる／Vないようにする	目标	約束の時間には遅れないようにしてください。
Vる／Nの前に	动作的顺序	日本人は食事をする前に「いただきます」と言います。
Vたあとで	动作的顺序	仕事が終わったあとで、電話をします。
Vるまで	持续	救急車が来るまで一緒にいてください。
Nの／Vる途中で	动作进行中	散歩の途中でいいお店を見つけました。
Nの／Vているあいだ	时段	バスを待っているあいだ、ずっと本を読んでいた。
Nの／Vているあいだに	时点	一年の留学のあいだに、とてもよい経験をしました。
Vる／Vた／Nのとおり	基准、标准	お医者さんが言うとおりにしてください。

续表

句型	意思	例句
～はずだ	判断、估计	王さんはチケットを持っているはずです。
～かもしれない	推测	明日雨になるかもしれません。
N_1でN_2がある	事件的存在	きょうは留学生会館で研究発表会があります。
～のは、（～からではなくて）～からだ	原因、理由	パーティー出られないのは、出たくないからではなくて、仕事があるからだ。
疑問詞＋でも	全称肯定	これはだれでも知っていることです。
～というN	内容	タバコは体によくないということはみんな知っています。
～と聞く	间接引语	あの店の料理はおいしいと聞いて、食べに行きました。
どうやって～んですか	方式	すみませんが、駅まではどうやって行くんですか。
Nによって（違う）	基准	春節の準備は地方によって違います。
Nにとって	评价的立场、角度	1年生にとって、この文章はちょっと難しい。
Vたら～た	契机～发现	昼は暑かったが、夜になったら寒くなった。
感覚形容詞	生理状态	ゆうべ遅く寝たので、きょうはとても眠いです。
もう	加强语义	もう休憩するんですか。練習を始めてからまだ15分ですよ。
V方	方法	旅行会社の検索のしかたを説明しました。
-さ	名词后缀	牡丹と薔薇の美しさは比較できない。

接续词	意思	例句
それに	并列	あの店の料理は値段が高い。それに、あまりおいしくない。
それとも	选择	バスで行きますか。それとも、地下鉄で行きますか。

第19課　黄　砂

| 単語帳 | アドバイス　ブーム　キャスター　クローズアップ　ワールド　スモッグ　サングラス　スカーフ　マスク　コミュニティー　ボランティア
年　空　風　太陽　曇り　黄砂　砂嵐　砂漠　花粉　大陸　環境　黄色　春先　今夜　話題　対策　手がかり　こっち　品物　砂糖　高原　北西部　内陸部　のち　市民　出会い　ふるさと　ご存知　文字どおり　光化学スモッグ　-面　真っ　実現　予報　投書　体験　語学留学　報告　植樹
落ち着く　吹く　巻く　起こす　押す　干す　鳴らす　及ぶ　入る　ある　決まる　晴れる　探る　とる　閉める　あげる
黄色い　若い　ひどい　はっきり　だいぶ　なるべく　深刻　大量　そんな　として　とる　はずす　シャツ　セーター　着る　ズボン　靴下　はく　帽子　かぶる　ネックレス　イヤリング　ベルト　締める　こっち　ひどい　干す　そんな　閉める　サングラス　スカーフ　巻く　マスク
昆明 |

| 文法リスト | 〜ても＜让步条件＞　　　　　でも＜极端的情况＞
〜し〜し＜并列＞　　　　　のに＜转折＞
Vたら＜条件＞　　　　　　　动词、形容词的条件形
Vて／Vないで＜伴随状态＞　〜うちに＜时段＞
V(よ)うか＜犹豫＞　　　　　Vばいい＜建议＞
〜とは〜という意味だ＜说明、解释＞　Vると、〜た＜契机〜发现＞
Nによって＜原因＞　　　　　Nとして＜资格、性质＞
Vていられない＜状态难以持续＞　日语简体会话的特点(1)(2) |

第19課 黄 砂

I. 文字・词汇・语法

1. 写出下列画线部分汉字的正确读音。

   (1) 骨髄バンクをご存知ですか。
   (2) 日本語の「健康」は文字どおりの意味です。
   (3) 事故を起こさないようにいろいろな対策をしている。
   (4) 週末になると李さんはどこへも行かないで洗濯や掃除をします。
   (5) 一人で砂漠を縦断するのは危ない。
   (6) 地球温暖化によって環境が悪くなった。
   (7) 農作物の安全性について研究している。
   (8) 留学の体験を話してください。
   (9) 多くの人が戦争で亡くなりました。
   (10) 日本の漫画は中国の若者への影響が大きい。

(1)	(2)	(3)	(4)	(5)
(6)	(7)	(8)	(9)	(10)

2. 将下列画线部分的假名改写成汉字。

   (1) 子どもたちがすな遊びをしている。
   (2) 北京では車が多すぎてこうつう事故が多くなった。
   (3) この写真は最近ネットでわだいになっている。
   (4) 李さんはがいしゅつちゅうで会社にいないようです。
   (5) よごれたところをきれいにしてください。
   (6) ドアをしめたりあけたりしないでください。
   (7) つゆに入ると曇りの日が多いです。
   (8) 名前を読んだらすぐへんじをしてください。
   (9) 最近の若者にはゆめがない。
   (10) 去年の忘年会で彼女とであいました。

(1)	(2)	(3)	(4)	(5)
(6)	(7)	(8)	(9)	(10)

3．将相关的词用直线连接起来。

マフラー／スカーフを　　　　　　締める⇔とる／はずす
洗濯物を　　　　　　　　　　　　なる
めがねを　　　　　　　　　　　　降る
ネクタイ／ベルトを　　　　　　　巻く⇔_____
靴／ズボンを　　　　　　　　　　干す
ブームに　　　　　　　　　　　　はく⇔_____
黄砂が　　　　　　　　　　　　　かける
影響を　　　　　　　　　　　　　かぶる⇔_____
被害が　　　　　　　　　　　　　与える
帽子を　　　　　　　　　　　　　くる
メールを　　　　　　　　　　　　送る
返事が　　　　　　　　　　　　　出る

4．从a～d中选择一个正确答案。

(1) 就職活動では先生から_____をいただき、自信を持って入社試験を受けることができました。
　　a．ワールド　　　b．スモッグ　　　c．アドバイス　　　d．キャスター
(2) 毎月3、4回、午前中に近所の病院で_____をしています。
　　a．マスク　　　　b．スカーフ　　　c．ブーム　　　　　d．ボランティア
(3) あしたは曇り_____雨です。
　　a．のち　　　　　b．うち　　　　　c．あと　　　　　　d．うしろ
(4) 日々の暮らしの疑問を解決する_____となるような本を紹介しています。
　　a．しなもの　　　b．てがかり　　　c．ほうこく　　　　d．たいりょう
(5) 日本語との_____は、わたしの人生を大きく変えた。
　　a．気分　　　　　b．息抜き　　　　c．出会い　　　　　d．親しみ
(6) 漢方薬のおかげで体の調子は_____よくなった。
　　a．ちゃんと　　　b．だいぶ　　　　c．いったい　　　　d．できるだけ
(7) 経済成長に伴う環境問題は_____になっている。
　　a．直接　　　　　b．活発　　　　　c．深刻　　　　　　d．丁寧
(8) きょうは朝から_____雨です。
　　a．つらい　　　　b．だるい　　　　c．わかい　　　　　d．ひどい
(9) 引越しをしてから10日が経ち、やっと_____きました。

第19課 黄 砂

　　　　a．かぶって　　　b．鳴らして　　　c．締めて　　　d．落ち着いて
(10) 北京市内は20日朝から空一面が黄色くなり、今年に_____最大の黄砂となった。
　　　　a．入って　　　　b．干して　　　　c．押して　　　d．及んで

5．在（　）中填上适当的助词。一个（　）填一个假名。

(1) 地図を持って行った（　）（　）道を間違えました。
(2) 日本の生活（　）慣れましたか。
(3) 恋人（　）（　）プレゼントですから、手作りのほうがいいです。
(4) この道は狭いので、日曜日（　）（　）混んでいます。
(5) 日本（　）留学する学生が年々増えています。
(6) 「竹取物語」（　）似た昔話が中国（　）（　）ある。
(7) 文化の違い（　）よって起こる誤解が多いです。
(8) 「一人っ子」の教育は家庭や学校、社会（　）（　）及んでいると思う。
(9) 卒業してから日本語（　）関係（　）ある仕事がしたい。
(10) この魚は新鮮だから生（　）（　）食べられます。

6．完成下列句子。

(1) 花が散らないうちに_____。
(2) 先生に聞いたり辞書を引いたりしても_____。
(3) お金があっても時間がなければ_____。
(4) この辞書は必要ですから、高くても_____。
(5) そのスポーツは若者だけではなく_____。
(6) 約束をしたのに_____。
(7) 火事や地震が起きたら_____。
(8) よく勉強すれば_____。
(9) 私は趣味として_____。
(10) インターネットの利用によって_____。
(11) 誰もいないのに_____。
(12) オリンピックの開催をテーマにして_____。

7．将括号中的词改成适当的形式填空。

(1) 暗く（なる）_____うちに家へ帰りたい。
(2) 電気を消して部屋を暗く（する）_____ても寝られません。

(3) ここで待っていてもあの人は（来る）＿＿＿＿＿＿かもしれない。

(4) お金が（ない）＿＿＿＿＿＿好きなものが買えません。

(5) 病気なら学校を（休む）＿＿＿＿＿＿いいのに。

(6) この旅館は静かなので（古い）＿＿＿＿＿＿泊まります。

(7) 交通事故が起きた時は、すぐ警察に（知らせる）＿＿＿＿＿＿いいです。

(8) その道は危ないから（通る）＿＿＿＿＿＿ください。

(9) コピーの字が（薄い）＿＿＿＿＿＿このボタンを押してください。

(10) 自動販売機にお金を（入れる）＿＿＿＿＿＿のにコーラが出なかった。

8．选择与画线句子意思最相近的句子。

(1) <u>友達がアメリカに留学しているうちに、遊びに行きたい。</u>
　　a．アメリカに留学している友達は遊びに行きたいと言っている。
　　b．わたしはアメリカに留学している友達のところへ遊びに行きたい。
　　c．友達はアメリカに留学している友達のところへ遊びに行きたいと言っている。
　　d．友達はアメリカに留学している私のところへ遊びに来たいと言っている。

(2) <u>今必要だから、高くても買います。</u>
　　a．今必要だから、高ければ買います。
　　b．今必要だから、高いですが買います。
　　c．今必要だから、高いほうを買います。
　　d．今必要だから、高くなければ買います。

(3) <u>努力によって夢が実現した。</u>
　　a．努力することは夢です。
　　b．努力すれば夢が実現できる。
　　c．努力するという夢が実現した。
　　d．夢が実現できたのは努力したからだ。

(4) <u>試験の結果がわからなくて、落ち着いていられなかった。</u>
　　a．試験の結果がこわい。
　　b．試験の結果が悪いから、恥ずかしい。
　　c．試験の結果がわからないので、とても不安だ。
　　d．試験の結果がわからないのは、ありがたいことだ。

9．正确排列a～d的顺序，并选择最适合填入＿★＿的部分。

(1) 人生＿＿＿　＿＿＿　＿★＿　＿＿＿。
　　a．によって　　b．は　　　c．決まる　　d．出会い

(2) ＿＿＿ ＿＿＿ ＿＿＿ ★＿＿＿がなかった。
　　a．ゆっくり　　b．時間　　　c．話せる　　　d．家族と
(3) ＿＿＿ ＿＿＿、★＿＿＿ ＿＿＿。
　　a．薬を　　　　b．熱が　　　c．下がる　　　d．飲めば
(4) 空港に着くと＿＿＿ ＿＿＿ ★＿＿＿ ＿＿＿。
　　a．親が　　　　b．迎えに　　c．いた　　　　d．来て
(5) 仕事をやめたら＿＿＿ ＿＿＿ ★＿＿＿ ＿＿＿。
　　a．お金が　　　b．困った　　c．生活に　　　d．なくて
(6) 日本の援助によって＿＿＿ ★＿＿＿ ＿＿＿ ＿＿＿。
　　a．製作が　　　b．ドラマの　c．終わった　　d．無事に
(7) 南の地方は、今回の＿＿＿ ★＿＿＿ ＿＿＿ ＿＿＿を受けた。
　　a．被害　　　　b．台風　　　c．大きな　　　d．によって
(8) ＿＿＿ ＿＿＿ ★＿＿＿ ＿＿＿、親として少し話したい。
　　a．教師　　　　b．として　　c．ではなく　　d．今日は
(9) ＿＿＿ ＿＿＿ ★＿＿＿、＿＿＿ほうがいいですよ。
　　a．が　　　　　b．食欲　　　c．なくても　　d．食べた
(10) ★＿＿＿ ＿＿＿ ＿＿＿ ＿＿＿意味です。
　　a．1年の終わり　b．年の暮れ　c．とは　　　　d．という

Ⅱ．听力

1．听录音，选择正确答案。

(1) ＿＿＿＿　(2) ＿＿＿＿　(3) ＿＿＿＿　(4) ＿＿＿＿

2．听录音，从a-e中选择与会话内容有关的答案。

(1) ＿＿＿＿　(2) ＿＿＿＿　(3) ＿＿＿＿　(4) ＿＿＿＿　(5) ＿＿＿＿
a．コーヒー　　b．数学の問題　　c．飛行機　　d．黒板の文字　　e．ホテル

3．听录音，从1～3选项中选择最佳应答。

(1) ＿＿＿＿　(2) ＿＿＿＿　(3) ＿＿＿＿　(4) ＿＿＿＿　(5) ＿＿＿＿

Ⅲ. 阅读

阅读下面的文章，根据其内容回答问题。

○○の作り方

① まず、みじん切りにした玉ねぎとハムを炒めます。

② 玉ねぎとハムの色が変わったら、ご飯を加えます。ご飯は、なるべく温かいものを使ってください。簡単に混ぜることができます。

③ 玉ねぎと肉とご飯をよく混ぜたら、ケチャップを入れてさらに炒めます。ケチャップを入れた後は、短い時間で炒めて取り出します。

④ 次に卵を焼きます。卵を割ってかきまぜてから30秒だけ焼いて、火を止めます。そして、そのまま少し待ちます。卵はあまりたくさん使わないようにしてください。

⑤ ③で炒めたご飯を④で焼いた卵で包みます。

※ この料理はとてもおいしいし、作り方も簡単です。みなさんもぜひ作ってください。

問題

(1) どの料理の作り方の説明ですか。下のa～dのイラストから一つ選びなさい。

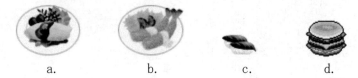

　　a.　　　　b.　　　　c.　　　　d.

(2) 次のa～dの中から、正しいものを選びなさい。

a. ご飯を炒めるときは、温かいご飯を使ったほうがいい。

b. 玉ねぎとハムとご飯は最初から一緒に炒める。

c. ケチャップを入れた後は、しっかりと炒めなければならない。

d. 卵を30秒焼いてから、すぐにご飯を包む。

最後に会話文と読解文を読み直して、_____を埋めなさい。

ユニット1　会話　日本での黄砂情報

テレビのキャスター：こんばんは、「クローズアップ・ワールド」です。みなさんは黄砂ということばを_____か。春にときどき空が黄色くなったり太陽がよく見えなくなったりしますが、これは中国大陸から_____細か

　　　　い黄色い砂が_____です。
　　　　「黄砂」とは_____黄色い砂という意味です。毎年中国では、春先にこの黄砂が健康面や環境面でさまざまな_____いますが、実は日本にも黄砂が_____のです。
今夜は、この黄砂の原因を考え、その_____。

弟　わあ、北京の空、真っ黄色だ。
母　本当。スモッグじゃないの？
父　光化学スモッグじゃなくて、「黄砂」_____よ。
　　砂漠や高原の砂で、中国大陸の北西部から飛んでくるんだ。
母　どうして日本まで来るの_____。
父　春になると偏西風が強くなるからだろ。
弟　へえ。

キャスター：黄砂は地球温暖化_____と言う研究者もいるので、現在日本環境研究所が調べています。北京などでは交通機関への影響や洗濯物や車が汚れるという_____。
　　　　　　農作物や家畜の被害もあり、人間の健康への影響が出ないうちに_____なりません。

母　美穂、大丈夫かしら。電話しようかな。黄砂が続いてるあいだは、用事があっても_____外出しないほうがいいと_____。
父　_____。

ユニット2　会話　家族からの電話

高橋　喂。
母　　もしもし、あ、美穂？
高橋　あ、お母さん。_____？みんな元気？
母　　こっちはみんな元気よ。_____、北京はどう？
　　　さっきテレビで「黄砂」の番組を見て_____電話したのよ。
高橋　ありがとう。大丈夫よ。
母　　北京も黄砂が降ってるん_____？
高橋　ええ、_____ときは、ひどいスモッグだと思って、本当にびっくりしたけど。

母　　そう。

高橋　晴れでも空が黄色くて、太陽がよく見えない日があるの。そんな日は、洗濯物は＿＿＿＿し、窓を閉めても＿＿＿＿し、大変。

母　　外出するときは＿＿＿＿の？

高橋　サングラスをかけて、スカーフを巻いて出かけてる。

母　　マスクをしないで出かけてるの？＿＿＿＿…。送ってあげようか。

高橋　うん、ありがとう。でも、外から帰ったら、うがいしてるから…。

母　　本当？＿＿＿＿はどうしてるの？

高橋　中国の人も同じよ。＿＿＿＿、友達に教えてもらうから、大丈夫。＿＿＿＿。

母　　そう？でも、＿＿＿＿ね。

高橋　ありがとう。＿＿＿＿。

母　　また電話するわね。元気でね。

高橋　ええ。じゃ、また。

ユニット3　読解文　コミュニティー新聞への投書：黄砂体験

「海外便り　黄砂の降る北京から」
高橋美穂（中国京華大学語学研修生、19歳）

　去年の9月から北京に語学留学しています。こちらの生活にも＿＿＿＿。きょうは、北京から＿＿＿＿します。

　ある朝、窓を開けると、＿＿＿＿のに太陽が見えませんでした。＿＿＿＿はスモッグかなと思いましたが、あとで、中国内陸部から＿＿＿＿砂漠の砂＿＿＿＿。日本でも＿＿＿＿黄砂です。

　こちらでは、最近ときどき空が黄色くなり、強い風が吹くと、＿＿＿＿。北京では毎日の天気予報に「きょうの黄砂予報」があります。日本の花粉情報＿＿＿＿。例えば、けさの天気予報は「曇りのち晴れ、黄砂」でした。その＿＿＿＿黄砂が大量に降りました。きょうは自転車で授業に行きましたが、風が強くなると目を＿＿＿＿、自転車を降りて＿＿＿＿行きました。

　私の住んでいる寮では、部屋の窓やドアが＿＿＿＿、＿＿＿＿きます。街では、洗濯物や車が汚れたりする＿＿＿＿があります。健康への＿＿＿＿を心配する人も少なくありません。

　黄砂の原因はまだ＿＿＿＿が、地球の＿＿＿＿によって砂漠化が＿＿＿＿からだと言う人もいて、北京では市民のボランティアの植樹が＿＿＿＿います。日本

などの外国も_____います。このごろは黄砂の被害が韓国や日本、アメリカにも_____という話を聞きます。この問題は、私たち_____考えることが必要だと思います。

IV. kittyの中国発見

超級女声

　少し前まで中国の若者の間で人気を博したテレビ番組がありました。「超級女声」というタイトルで、歌手を目指す女の子のオーディション番組です。中国全土から歌に自信のある女の子がこぞって参加しました。最終的にグランプリを受賞したのはどんな女の子だったのでしょうか。

　彼女の名前は「李宇春」。低音が魅力で、男性の曲をカッコよく歌います。ショートヘアーに、174センチのすらりとしたスタイル。ルックスもまるで少年のような女の子です。同世代の女の子は、彼女が登場すると黄色い声を上げます。また第2位を獲得した女の子もやはり彼女のような少年タイプの女の子でした。もともとスカートよりもパンツスタイルが圧倒的に多い中国の女の子。かっこいい少年タイプの女の子は日本よりも多いのかもしれません。「超級女声」の最終選考まで残った女の子たちは、コンサートやCMに出演して、まだまだブームは続きそうです。

第20課　遠　足

単語帳

クラス　プラン　ルーム　ピンク　オプション　キャラクター　パンフレット　スーツケース
デラックス　ファンタジーランド　スタンダード　ミュージカル　フリータイム　ツーリスト
荷物　都合　選手　何度　青色　形　緑色　古都　日程　行程　うち　昼食　夕
京料理　一流　めぐり　貸し切り　遠足　一日　場合　半日　きっかけ
尊敬　謙譲　拝見　連絡　通訳　用意　設定
各-　-地　数-　-か所　一人で
なさる　いらっしゃる　おっしゃる　おいでになる　ご覧になる　召し上がる　いたす　伺う
おる　参る　お目にかかる　存じる　いただく　申す　いる　泊まる　勧める　見つける
よろしい　せっかく　いろんな　できれば　身軽　または
渋谷　原宿　お台場　奈良　法隆寺　東大寺　大仏殿　薬師寺　平等院　長谷寺
三十三　間堂　春日大社　銀閣寺　金閣寺　香山　古屋

文法リスト

敬語(1)
敬語(2)
Vてくださいませんか＜客气的请求＞
お／ごVください＜请求＞
Vてしまった＜消极的结果＞
Nなら(ば)＜凸显、条件＞
Vたらどうですか＜建议＞
～場合は＜假设＞
Nのうち＜范围＞
～くらい＜程度＞
N₁またはN₂＜选择＞

第20課 遠足

Ⅰ. 文字・词汇・语法

1. 写出下列汉字的正确读音。

   (1) きのうこわい夢を見ました。
   (2) このアイディアを形にしないと意味がないでしょう。
   (3) 荷物はこちらに置いてください。
   (4) 多くの植物は緑色をしている。
   (5) 公務員になりたい若者が増えている。
   (6) 由紀ちゃんといつまでも親友でいたい。
   (7) ここで世界遺産の魅力に出会えます。
   (8) 将来は通訳として世界で活躍したい。
   (9) 出張のときはできるだけ身軽で行きたい。
   (10) 時間が経つのは速いですね。

(1)	(2)	(3)	(4)	(5)
(6)	(7)	(8)	(9)	(10)

2. 从 a～d 中选择一个正确答案。

   (1) 手塚治虫マンガの＿＿＿は、どれも強い印象を与えてくれます。
      a．フリータイム　b．デラックス　c．キャラクター　d．スーツケース
   (2) 旅行代理店で＿＿＿をもらった。
      a．ミュージカル　b．ファンタジー　c．オプション　d．パンフレット
   (3) 来週のご＿＿＿はいかがですか。
      a．具合　　　　b．都合　　　　c．調子　　　　d．縁起
   (4) 日本語を学習しようと思った＿＿＿は、日本のアニメです。
      a．おかげ　　　b．しかた　　　c．きっかけ　　d．飾りつけ
   (5) 一般利用者の方は、サイトの管理者までご＿＿＿ください。
      a．拝見　　　　b．尊敬　　　　c．謙遜　　　　d．連絡
   (6) 食事の＿＿＿ができましたので、どうぞ。
      a．用意　　　　b．めぐり　　　c．うがい　　　d．手がかり
   (7) 友人があの美容院を＿＿＿くれました。
      a．しめて　　　b．探って　　　c．勧めて　　　d．起こして
   (8) 京都では純和風の景色の良い旅館に＿＿＿。

a．住みたい　　　b．泊まりたい　　c．落としたい　　d．騒ぎたい

(9) 次の就職先を_____、今の会社をやめようと思う。

　　　a．見たら　　　b．見えたら　　c．見られたら　　d．見つけたら

(10) 兄は_____一流企業に入社したのに、1年でやめてしまいました。

　　　a．せっかく　　　b．ずいぶん　　c．ますます　　d．たいてい

3．在下列（　　）中填入适当的助词。每个（　　）填一个假名。

(1) みんな（　）一緒に食事をする（　）（　）楽しいです。

(2) 会議は来月（　）延期したらどうですか。

(3) みなさんのご都合（　）伺ってからお知らせします。

(4) 病気（　）（　）参加しなくてもいいですよ。無理（　）しないでください。

(5) 間違いを直しました。これ（　）いいですか。

(6) 工人体育館（　）（　）行き方を教えてください。

(7) ラッシュの時は、車（　）（　）地下鉄で行ったほうが速いです。

(8) 何時（　）北京に着く（　）メール（　）教えてください。

(9) 友達と約束した（　）（　）まだ来ていません。

(10) 電車（　）かばんを忘れてしまった。

4．从a～d中选择一个正确答案。

(1) A：先生、ご相談したいことがありますが、明日は大学にいらっしゃいますか。

　　　B：ええ、朝から12時まで_____。

　　　a．います　　b．あります　　c．まいります　　d．いらっしゃいます

(2) A：はい、山田商事です。

　　　B：村井水産の佐藤です。鈴木さんをお願いします。

　　　A：鈴木は今席をはずして_____が…。

　　　a．いる　　b．おります　　c．ございます　　d．いらっしゃいます

(3) A：先生、スピーチコンテストの原稿ですが、ちょっと見て_____。

　　　B：いいですよ。

　　　a．くれますか　　　　　　b．いただきますか
　　　c．くださりますか　　　　d．くださいませんか

(4) はじめて利用する方は、これを必ずお_____ください。

　　　a．読む　　b．読み　　c．読んで　　d．読ま

(5) カードのパスワードを忘れたので、使えなくなって_____。
　　　a．いた　　　　b．あった　　　c．きた　　　　d．しまった
(6) 王さん_____、きっとできると思います。
　　　a．なら　　　　b．から　　　　c．ても　　　　d．ので
(7) ネットで注文_____どうですか。そのほうが速いですよ。
　　　a．して　　　　b．したら　　　c．しても　　　d．する
(8) 届くはずのメールが届いてない_____は、以下についてご確認ください。
　　　a．のち　　　　b．うち　　　　c．場合　　　　d．時間
(9) 米国の外国人留学生の_____、中国人は約38%である。
　　　a．なか　　　　b．うち　　　　c．した　　　　d．向こう
(10) 時間が経つのを忘れてしまう_____楽しかった。
　　　a．だけ　　　　b．まで　　　　c．くらい　　　d．ばかり

5．完成下列句子。

(1) 仕事が終わらない場合は_____。
(2) お金が必要な場合は_____。
(3) 忙しい場合は_____。
(4) 一家団らんの食事なら_____ほうがいいです。会社の忘年会なら
　　_____ほうがいいです。
(5) 挨拶ぐらいの通訳なら_____が、同時通訳は_____。
(6) 眠れないぐらい_____。
(7) 道が分からなくて_____しまった。
(8) 出かける時に_____忘れてしまった。
(9) 電話または_____で知らせてください。
(10) 若者20人のうち10人が_____。

6．用「くださいませんか」完成下列场景的说法。

(1) 先生の話が分からない時：

(2) 作文のチェックをお願いする時：

(3) 他人の物を借りたい時：

(4) 道が分からない時：

(5) 手伝って欲しい時：

(6) 荷物を取って欲しい時：

(7) 写真を頼む時：

7．用敬语表达方式完成下面的句子。

(1) 学生：先生、来週の修学旅行に_____。
　　先生：いいえ、用事があるので行きません。
(2) A：部長、あの黒いスーツの方を_____。
　　B：うん、知っているよ。
(3) A：社長は週末に何かスポーツを_____。
　　B：魚釣りをします。
(4) A：先生、来週の講演は何について_____。
　　B：今後の教育について話します。
(5) すみませんが、この書類にお名前とご住所を_____。
(6) 課長に聞いて来ます。しばらく_____。
(7) お好きなものをご自由に_____。
(8) 車のほうが速いですから、どうぞ私の車を_____。

8．选择与画线句子意思最相近的句子。

(1) その仕事は、王さんに頼んだらどうですか。
　　a．その仕事は、王さんに頼んではいけません。
　　b．その仕事は、王さんに頼んだほうがいいです。
　　c．その仕事は、王さんに頼みます。
　　d．その仕事は、王さんに頼むでしょう。
(2) もうたくさんいただきました。
　　a．まだもらえるんですか。
　　b．もうたくさんもらいました。
　　c．もうおなかがいっぱいになりました。
　　d．こんなにたくさんくださいましてありがとうございます。

(3) お名前はこの漢字でいいですか。
　　a．お名前の漢字を書いてもいいですか。
　　b．お名前はこの漢字ですか。
　　c．お名前を漢字で書いてもいいですか。
　　d．お名前の漢字の書き方を教えてください。
(4) 古屋先生も誘ってくださいませんか。
　　a．古屋先生を誘いたいです。
　　b．古屋先生を誘ってもいいですか。
　　c．古屋先生を誘ったらどうですか。
　　d．古屋先生も誘うようにお願いできませんか。

9．正确排列a～d的顺序，并选择最适合填入 ★ 的部分。

(1) 日本の社会や____ ____ ____、 ★ と思っています。
　　a．経験したい　　b．見て　　c．文化を　　d．この目で
(2) ____ ★ ____ ____友達になりました。
　　a．通じて　　　　　b．インターネットを
　　c．遠い国の　　　　d．人と
(3) ____ ____ ★ ____が深いです。
　　a．印象　　　b．一生　　c．ぐらい　　d．忘れられない
(4) ____ ____ ★ ____が、難しい話はできません。
　　a．会話　　　b．できます　c．簡単な　　d．なら
(5) ____ ____ ____ ★ すしが好きです。
　　a．毎日　　　b．と思う　　c．食べたい　　d．くらい
(6) バスがなかなか来なくて、15分____ ★ ____ ____。
　　a．遅刻して　b．授業に　　c．ぐらい　　d．しまった
(7) カメラを____ ★ ____ ____。
　　a．持ってくる　b．しまった　c．のを　　d．忘れて
(8) ____ ____ ★ ____、半日の場合は日曜日がいいんです。
　　a．1日の　　b．場合は　　c．遠足が　　d．土曜日
(9) ★ ____ ____ ____しまった。
　　a．買って　　b．同じ　　c．本を　　d．3冊も
(10) では____ ____ ____ ★ 。
　　a．うかがいましょう　　b．土曜日の
　　c．ご都合を　　　　　　d．まず

Ⅱ. 听力

1. 听录音，选择正确答案。

   (1) _____ (2) _____ (3) _____ (4) _____

2. 听录音，选择正确答案。

   (1) _____ (2) _____ (3) _____ (4) _____

a.　　　　b.　　　　c.　　　　d.

Ⅲ. 阅读

阅读下面的文章，根据其内容回答问题。

外国人観光客が参加する観光ツアー

　　ガイド：みなさま、おはようございます。本日は東京バス箱根観光旅行へのご参加ありがとうございます。（ア）。どうぞよろしくお願いします。バスは9時に新宿を出発し、現在静岡県を走っております。（イ）。ちょっと珍しい形の山が見えますね。あれが「富士山」です。（ウ）外国のお客さまの中には富士山にぜひ登りたいとおっしゃるお客さまがたくさんいらっしゃいます。今日の旅行には登山の予定は入っておりませんが、わたくしたちは富士山登山旅行もご用意いたしております。登山旅行への参加をご希望のお客様は、のちほどお知らせください。このバスは11時頃に箱根に到着する予定です。それまで一時間ほど、窓の外の景色をお楽しみください。

問題

　　文中の空欄（ア）～（ウ）に入れるのに最も適当なものを、a～dの中から1つ選びなさい。

　　（ア）

　　　　a．今日一日みなさまのご案内をなさるAと申します

b．今日一日みなさまのご案内をいただくAとおっしゃいます
c．今日一日みなさまのご案内をいたしますAと申します
d．今日一日みなさまのご案内をいたしますAとおっしゃいます

（イ）
a．皆様、右側をお目にかかってください
b．みなさま、右側を拝見してください
c．みなさま、右側をご覧になってください
d．みなさま、右側をお見になってください

（ウ）
a．日本に参る
b．日本にいらっしゃる
c．日本を伺う
d．日本をご旅行いたします

ユニット1　会話　遠足の計画

王　　遠藤先生、今度日本語専攻の学生みんなで、香山公園へ遠足に行きたいんですが、先生も_____か。

遠藤　香山公園ですか。_____。いつですか。

王　　先生の_____と思います。いつが_____か。

遠藤　そうですね。来週ならば_____ですよ。

王　　来週の_____でしょうか。

遠藤　そうですね。遠足が_____は土曜日、_____は日曜日がいいんですが…。

王　　では、来週の土曜日_____。そうだ！高橋さんと渡辺さんも来たいって言ってたんだ…。

遠藤　あら、_____。王さん、せっかくだから、日本人の語学研修生も_____。_____のは楽しいし、日本語も話せるし。

王　　そうですね。じゃあ、高橋さんたちも誘います。あのう、古屋先生は？

遠藤　きょうは_____よ。

王　　そうですか。あのう、古屋先生も_____ですが…。

遠藤　いいですね。じゃあ、_____。

王　　はい。_____。

ユニット2　会話　遠足の日

王　　先生、＿＿＿＿＿＿＿。
遠藤　そうですか。いつもこのくらいです。実は、＿＿＿＿＿＿＿よ。
王　　そうですか。あのう、先生、＿＿＿＿＿＿＿教えてくださいませんか。
遠藤　きっかけですか。大学のとき、中国からの留学生と親友になったんですよ。その人を通じていろんな＿＿＿＿＿＿＿です。自分で＿＿＿＿＿＿＿、いつか中国で生活したいと思って…それで日本語教師になったんですよ。
王　　そうですか。
遠藤　王さんは、子供のとき、＿＿＿＿＿＿＿ですか。
王　　え？わたしですか。子供のときの夢は医者でしたけど、今は＿＿＿＿＿＿＿と思っています。
遠藤　そうですか。それで、日本語を？
王　　はい。これからは＿＿＿＿＿＿＿と思いますから。
遠藤　そうですね。
王　　できれば日本に留学して、＿＿＿＿＿＿＿と思っています。先生、お疲れになりませんか。お荷物、＿＿＿＿＿＿＿。
遠藤　どうもありがとう。あら、王さん、ずいぶん＿＿＿＿＿＿＿ですね。お弁当は？
王　　あ！しまった！持って来るのを忘れてしまいました。

ユニット3　読解文　旅行のパンフレット：

東京ツーリストなら、お好きなプランをお選びになれます
■　設定期間：7月1日～10月31日の毎日出発　■

＜奈良と京都　世界遺産めぐり＞
日本の14か所の世界遺産のうち、3か所が法隆寺地域と古都奈良、古都京都です。
■　62,500～80,700円
○貸し切りタクシーで＿＿＿＿＿＿＿。
○お部屋は一流ホテルのデラックスルームを＿＿＿＿＿＿＿。
○夕食は京料理を＿＿＿＿＿＿＿ください。
○中国語または英語、韓国語の通訳を＿＿＿＿＿＿＿。（＿＿＿＿＿＿＿）

＜東京　若者の街めぐり＞
＿＿＿＿＿＿＿の楽しさです。
○観光バスで＿＿＿＿＿＿＿。
○スタンダードクラスのホテルを＿＿＿＿＿＿＿。
○人気キャラクターのミュージカルを＿＿＿＿＿＿＿。（＿＿＿＿＿＿＿）

Ⅳ. kittyの中国発見

水 療

　こんにちは。kittyです。留学生活も1年半、最近ちょっと疲れ気味…。タイミングよく中国の友人が癒しスポットに連れて行ってくれました。

　北京で流行中の癒しスポット、それは「水療」shuǐ liáoです。「水療」に到着したら、まずお風呂。脱衣所には従業員が7名ほど待機し、お水をくれたり、ロッカーの開閉を手伝ってくれたりと、いろいろサービスしてくれます。シャワーを浴びて脱衣所に戻ってくると、従業員が体を拭いてくれるという、ちょっとこちらが恥ずかしくなってしまうようなサービスもあります。ちなみに従業員はお客さんのことを「美女měinǚ」と呼ぶ決まりで、これもまた気恥ずかしい……。お風呂が終わると次は食事に行きます。バイキング形式になっていて、料理の数はざっと50種類以上。もちろん、北京ダックや蟹などの豪華な料理もあって大満足でした。お腹いっぱい食べたらひと休みといきたいところですが、そうはいきません。今度はトランプゲームをするために個室へ移動します。日本では子供の遊びというイメージのトランプですが、こちらでは大人も真剣に遊びます。その日は、大貧民を4時間かけて遊びました。癒されるために「水療」に行ったkittyですが、最後のトランプゲームで疲れきってしまいました。

　今、北京はオリンピックに向けて活気にあふれています。中国人としては、癒しスポットでまったり……というよりは、エネルギッシュに楽しみたい！という気持ちが強いのかもしれません。

第21課　遠足のあと

単語帳

アルバム　テーブル　リスト　イメージチェンジ　ワイルド　パーマ　ライオン　ヘア
冬　雲　日ごろ　行い　のり巻き　お礼　お祝い　台風　原稿　推薦状　頭　髪型
主人公　美容室　仲　老人　人形　お城　月末　感じ　先日　頂上　ひととき　青空
機会　手作り　世話　推薦　感謝　幸せ　-状
くださる　さしあげる　似合う　いただく　気づく　直す　澄む　分ける　倒れる　入れる
ほめる　変える　染める　かける　眺める　-すぎる
美しい　どんより(と)　うっかり(と)　もうすぐ　ほんと　まるで　なかなか
しばらく　自分で　今にも　ちょっとした　小さな

文法リスト

〜そうだ＜徴兆、外表＞
Nのようだ＜比喩、示例＞
Nみたいだ＜比喩、示例＞
くださる／いただく／さしあげる＜授受・敬語＞
Vてくださる／ていただく／てさしあげる＜受益・敬語＞
疑問词＋Vたらいいか＜询问＞
〜すぎる＜过度＞
Vております＜自谦＞

第21課　遠足のあと

I. 文字・詞汇・语法

1. 写出下列画线部分汉字的正确读音。

   (1) 機会があればぜひ中国に来てください。
   (2) 台風で大きい木が倒れそうになりました。
   (3) このカタカナをひらがなに直してください。
   (4) 手作りの年賀状を友達に出しました。
   (5) お祝いに乾杯しましょう。
   (6) 髪の毛を茶色に染めるつもりです。
   (7) 北海道の冬はとても寒いです。
   (8) 遠くの山を眺めて気持ちもよくなりました。
   (9) 今までに出会ったすべての人に感謝してます。
   (10) 田中さんから「こけし」人形をもらいました。

(1)	(2)	(3)	(4)	(5)
(6)	(7)	(8)	(9)	(10)

2. 将下列画线部分的假名改写成汉字。

   (1) おれいにシルクのハンカチを送りました。
   (2) 大学に入ってから何でもじぶんでやっています。
   (3) この服は淳子さんによくにあっていますよ。
   (4) 川がすんでいるので、小さい魚がたくさん見える。
   (5) せんじつは、すてきなお土産をありがとうございました。
   (6) その後、二人はしあわせに暮らしています。
   (7) 急に黒いくもが広がって、大雨になった。
   (8) 山のちょうじょうに上ったら湖が見えます。
   (9) 子供のせわは大変です。
   (10) 隣からうつくしい音楽が流れてきました。

(1)	(2)	(3)	(4)	(5)
(6)	(7)	(8)	(9)	(10)

3．在下列（　）中填入适当的助词。每个（　）填一个假名。

(1) この紙は丈夫ではなさそうな（　）（　）、カレンダー（　）（　）使えない。
(2) どこ（　）食事する（　）みんな（　）相談しましょう。
(3) この携帯は先月買ったばかり（　）（　）（　）もう壊れてしまった。
(4) 結婚のお祝い（　）部長（　）（　）時計をいただきました。
(5) 駅員（　）電車の網棚（　）荷物（　）載せてくれました。
(6) 授業中ですから、静か（　）してください。
(7) 部長（　）（　）丁寧（　）話したほうがいいですよ。
(8) 近いですから、歩いて10分（　）行けます。
(9) この車の修理（　）何日ぐらいかかりますか。
(10) その鞄、ポケットがたくさんあって旅行（　）便利そうですね。

4．从　　　　　中选择最恰当的词填空。

| うっかり | すっかり | ごゆっくり | ちょっとした |
| なかなか | ずいぶん | のんびり | いったい |

(1) 雨の日は洗濯物が＿＿＿＿＿＿乾きません。
(2) ＿＿＿＿＿＿してホテルの予約を忘れてしまった。
(3) 今年のお正月は田舎へ帰って＿＿＿＿＿＿過ごしたいです。
(4) 20年ぶりに帰った故郷は＿＿＿＿＿＿変わりました。
(5) 李さんはずっと一人でいます。＿＿＿＿＿＿どうしたのですか。
(6) 今住んでいる部屋は前より＿＿＿＿＿＿広いです。
(7) 夕食はご案内しますので、それまで部屋で＿＿＿＿＿＿お過ごしください。
(8) これは私の＿＿＿＿＿＿気持ちですから、ぜひ受け取ってください。

5．看图用「そうだ」完成句子。

(1) 下を向く（恥ずかしい）　　(2) 恋人と話す（うれしい）
(3) お医者さんの話を聞く（心配だ）　　(4) 友達と騒ぐ（楽しい）
(5) 一人で座る（寂しい）　　(6) 泣く（悲しい）

6．从「くださる」「いただく」「さしあげる」中选择最合适的并改成适当的形式填空。

(1) 私は先輩からクリスマスカードを＿＿＿＿＿＿＿＿＿＿＿＿＿＿＿＿＿＿＿＿。
(2) 「教師の日」に私たちは先生に花束を＿＿＿＿＿＿＿＿＿＿＿＿＿＿＿＿＿＿。
(3) 先生のご主人は私と弟にレコードを＿＿＿＿＿＿＿＿＿＿＿＿＿＿＿＿＿＿。
(4) 大使は私たち留学生にプレゼントを＿＿＿＿＿＿＿＿＿＿＿＿＿＿＿＿＿。
(5) 先生から＿＿＿＿＿＿＿＿＿＿＿＿＿＿＿＿＿＿絵はがきを妹にあげました。
(6) A：どなたが電子辞典を＿＿＿＿＿＿＿＿＿＿＿＿＿＿＿＿＿＿＿＿＿＿＿。
　　B：鈴木先生が電子辞典を＿＿＿＿＿＿＿＿＿＿＿＿＿＿＿＿＿＿＿＿＿。
(7) A：Bさんの鞄、かわいいですね。
　　B：はい、先生の奥さんから＿＿＿＿＿＿＿＿＿＿＿＿＿＿＿＿＿＿＿＿＿。

7．从「（て）くださる」「（て）いただく」「（て）さしあげる」中选择最合适的并改成适当形式填空。

(1) 週末に先生のお宅へ行きました。先生の奥さんが日本料理を作って＿＿＿＿＿＿＿。食事の後、奥さんにお寿司の作り方を教えて＿＿＿＿＿＿＿。
(2) 昨夜、小林先生と食事をし、先生にごちそうして＿＿＿＿＿＿＿。
(3) 校長先生は私の作品を買って＿＿＿＿＿＿＿＿＿＿＿＿＿＿＿＿＿＿。
(4) 自分で作った曲を大勢の方に聴いて＿＿＿＿＿＿＿＿＿＿、大変うれしく思っております。
(5) どの辞書がいいのか分からないので、先輩に選んで＿＿＿＿＿＿＿＿＿＿。
(6) 村井先生が私の名前を覚えて＿＿＿＿＿＿＿ので、うれしかった。
(7) いつもわたしのブログを見て＿＿＿＿＿＿＿、ありがとうございます。
(8) 初めての部活動なので、部長にメンバーを紹介して＿＿＿＿＿＿＿。

(9) 道がよく分からない私に、留学生会館の方はタクシーを呼んで_____。

8. 将（　　）中的词变成适当的形式，用「そうだ」完成句子。

(1) 小林さんは声が小さくて自信が（ない）_____発表しています。
(2) 金魚は気持ちが（よい）_____泳いでいます。
(3) 具合が（悪い）_____顔をしています。
(4) 李さんは体が大きくて力が（ある）_____です。
(5) 荷物が大きすぎて一人で（持つ）_____もない。
(6) 字が小さいから、（見える）_____もない。
(7) カラオケはうるさくて（勉強できる）_____もない。
(8) 広告を見て（面白い）_____ＤＶＤを10枚も買いました。
(9) 私は重いものを入れても（丈夫だ）_____鞄がほしいです。
(10) 李さんはひどい目に遭ったので友達に（会いたくない）_____だ。

9. 从a～d中选择一个正确答案。

(1) 柔らかいパンが石_____なりました。
　　a．のように　　　b．みたいな　　　c．そうに　　　d．そうな
(2) 子供_____顔をしている人は誰ですか。
　　a．のように　　　b．みたいな　　　c．そうに　　　d．そうな
(3) 京都_____古い町へ行ってみたいです。
　　a．のように　　　b．のみたいに　　c．のような　　d．のそうな
(4) まだ授業に_____そうだから、行きましょう。
　　a．間に合う　　　b．間に合い　　　c．間に合って　d．間に合った
(5) 食べたことがないお菓子は、見た目が_____のを選びました。
　　a．おいしそう　　　　　　　　　b．おいしそうな
　　c．おいしそうに　　　　　　　　d．おいしそう
(6) 作ってみたら、イメージの_____のケーキができて、うれしかった。
　　a．とおり　　　b．うち　　　c．はず　　　d．場合
(7) 子どもたちは_____そうに遊んでいます。
　　a．楽しい　　　b．楽し　　　c．楽しく　　　d．楽しくて
(8) _____すぎも_____すぎも体にはよくない。
　　a．飲み/食べ　　　　　　　　　b．飲んで/食べて
　　c．飲ま/食べ　　　　　　　　　d．飲め/食べられ

(9) 誕生日に彼氏から指輪をもらい、両親から音楽のCDを_____。
　　a．もらいました　　　　　　b．いただきました
　　c．さしあげました　　　　　d．くださいました
(10) 先生にほめて_____、うれしかった。
　　a．くれて　　b．もらって　　c．くださって　d．いただいて

10. 正确排列a～d的顺序，并选择最适合填入___★___的部分。

(1) どなたから_____ _____ _____ __★__か。
　　a．電子辞書　　　　　　b．この
　　c．いただきました　　　d．を
(2) また先生に_____ _____ _____ __★__おります。
　　a．楽しみに　　b．して　　c．のを　　d．お会いできる
(3) 友達のお父さんが__★__ _____ _____を修理してくださいました。
　　a．パソコン　　b．に　　c．故障　　d．なった
(4) 1万円_____ __★__ _____を拾って、近くの交番に届けた。
　　a．入って　　b．が　　c．いる　　d．かばん
(5) さっき言いすぎたかもしれません。あの人は_____ _____ __★__ _____。
　　a．から　　b．ようだ　　c．いた　　d．怒って
(6) 最近は_____ _____ __★__ _____。
　　a．疲れて　　b．働き　　c．います　　d．すぎて
(7) 風邪を_____ _____ __★__ _____教えてください。
　　a．とき　　　　　　　b．食べたらいいか
　　c．引きそうな　　　　d．何を
(8) あの雲はソフトクリーム_____ __★__ _____ _____います。
　　a．形を　　b．の　　c．して　　d．ような
(9) 方さんは_____ _____ __★__ _____をしています。
　　a．話　　b．夢の　　c．また　　d．ような
(10) 週末も宿題がたくさん_____ _____、_____ __★__ない。
　　a．行けそうも　　b．遊びに　　c．から　　d．ある

11. 完成下列会话。

(1) A：すみません、このコンピュータの機能を_____。
　　B：はい、承知しました。

(2) A：あのう、この箱をどこに置いたらいいですか。
    B：＿＿＿＿＿＿＿＿＿＿＿＿＿＿＿＿＿＿＿＿＿＿＿＿＿＿＿＿＿。
(3) A：趙さんに何かお礼をあげたいなあ。北京を案内してくれたし。
    B：じゃ、日本のお茶を＿＿＿＿＿＿＿＿＿＿＿＿＿＿＿＿＿＿＿。
(4) A：ゲームソフトについて知りたいのですが、どうしたらいいですか。
    B：じゃ、李さんに＿＿＿＿＿＿＿＿＿＿＿＿＿＿＿＿＿＿＿＿＿。
(5) A：王さん、元気がなさそうですね。どうしたんですか。
    B：＿＿＿＿＿＿＿＿＿＿＿＿＿＿＿＿＿＿＿＿＿＿＿＿＿＿＿＿＿。
(6) A：王さんのように日本語が上手になりたいのですが、どのように勉強したら
       いいですか。
    B：＿＿＿＿＿＿＿＿＿＿＿＿＿＿＿＿＿＿＿＿＿＿＿＿＿＿＿＿＿。

Ⅱ．听力

1．听录音，选择正确答案。

(1) ＿＿＿＿ (2) ＿＿＿＿ (3) ＿＿＿＿ (4) ＿＿＿＿ (5) ＿＿＿＿

2．他们在谈论什么？请选择会话人物看到的东西。

(1) ＿＿＿＿ (2) ＿＿＿＿ (3) ＿＿＿＿

a.　　　　b.　　　　c.　　　　d.　　　　e.　　　　f.

3．听录音，判断正误。

(○) （例）楊先生　　　→　　本　　　→　　私
(   ) (1) 李先生　　　　→　　カレンダー　→　　私
(   ) (2) 劉先生　　　　→　　ＣＤ　　　→　　私
(   ) (3) 劉先生が、王先生を紹介しました。
(   ) (4) 李先生は、山田さんに案内してもらいました。
(   ) (5) 私たちは、遠藤先生に写真を送りました。

Ⅲ. 阅读

阅读下面的文章，根据其内容回答问题。

件名：日本語中級クラスの陳と申します。

近藤先生

　いつも日本語をわかりやすく教えてくださってありがとうございます。今日の授業もとても楽しく勉強できました。
　ところで、今日の授業で先生が教えてくださった日本のポップカルチャーについて質問があります。先生は日本語を勉強するとき、映画、ドラマ、アニメ、音楽などのポップカルチャーを利用するのはとても良い方法だとおっしゃいました。わたしも先生と同じ考えです。（ア）、今年の夏休みには日本のドラマのＤＶＤを見ようと思っています。しかし、これまで日本のドラマをほとんど見たことがないので、どんなドラマがおもしろいのか分かりません。そこで、先生にどんなドラマを見たらいいのかぜひ（イ）。ただし、「東京ラブストーリー」は見たことがあるので、他のドラマを見てみたいです。

　　　　　　　　　　　　　　　　　　　　　　　　　　　　　　　陳冬

件名：Re日本語中級クラスの陳と申します。

陳さんへ

　「東京ラブストーリー」は（ウ）。それでは、「東京ラブストーリー」の原作者である柴門ふみの他のドラマを見てはどうですか。特に「あすなろ白書」は、台湾でも「爱情白皮书」という名前でドラマになっているようです。私は「あすなろ白書」はとてもおもしろいと思います。

　　　　　　　　　　　　　　　　　　　　　　　　　　　　　　　近藤

問題

　空欄（ア）～（ウ）に、a～dの中から適当なものを選んで入れなさい。
　（ア）
　　　a．いつもたくさん日本のドラマを見ていますが
　　　b．ふだんは忙しくて日本のドラマを見る時間がありませんが
　　　c．ときどき日本のドラマを見ることがあるので
　　　d．いつもたくさん日本のドラマを見ているので

（イ）
    a．お教えいたしたいのです。
    b．教えていただきたいのです。
    c．教えてさしあげたいのです。
    d．教えてくださりたいのです。

（ウ）
    a．以前に見たことがあるのですね。
    b．以前に見たことがありそうですね。
    c．以前に見たことがある人のようですね。
    d．以前に見たことがある人みたいですね。

最後に会話文と読解文を読み直して、_____を埋めなさい。

ユニット1　会話　遠足の写真

古屋　みなさん、何を見ているんですか。

王　あっ、先生。遠足のときの写真なんですが、先生も_____。

古屋　ええ、_____。あの日は都合が悪くて行けなかったから、_____んですよ。あ、この写真、_____ですね。

趙　ええ。午前中は_____んですけど、お昼ごろには_____。

古屋　_____。みなさん、_____ですから。王さんのお弁当、_____ですね。自分で作ったんですか。

王　いえ、実は_____んです。それで、遠藤先生が_____んです。

趙　そののり巻き、わたしたちにも_____が、本当においしかったです。作り方を_____ので、今度、_____と思っています。

王　遠藤先生に_____なあ…。_____もいただいたし。

古屋　じゃあ、みんなで撮った_____、さしあげたらどうですか。きっと_____と思いますよ。

王　あ、それはいい考えですね。_____。

ユニット2　会話　イメージチェンジ

渡辺　あれ、あの人、_____。

李　あ、本当だ。あの頭、_____。

高橋　ほんとですね。鈴木さーん！

鈴木　（はずかしそうに）あ、みなさん、_____。

李　　鈴木さん、＿＿＿＿＿＿ですね。＿＿＿＿＿＿よ。ねえ、渡辺さん。
渡辺　え、ええ。まるで、このあいだみんなで見た映画の、＿＿＿＿＿＿みたいですよ。ねえ、高橋さん。
高橋　は、はい。
鈴木　そうですか…。実は＿＿＿＿＿＿んです。
渡辺　アンダーソン！？
鈴木　ええ。でも、＿＿＿＿＿＿んですけど…。＿＿＿＿＿＿でした。
高橋　＿＿＿＿＿＿よ。とっても＿＿＿＿＿＿で、アンダーソンよりずっと＿＿＿＿＿＿ですよ。
鈴木　少し髪を染めてパーマをかけたんですが…。＿＿＿＿＿＿でしょう？
李　　色は＿＿＿＿＿＿んですが…。ねえ、渡辺さん。
渡辺　そ、そうですよ。夏休みになったら、わたしも＿＿＿＿＿＿ライオンヘアにしようかな。
鈴木　えっ、わたしの髪型、ライオンみたいですか。
高橋　い、いえ、そうじゃないんですけど。もうすぐ夏になるし、＿＿＿＿＿＿よ。
李　　そうですよ。＿＿＿＿＿＿ですよ。
鈴木　そうかなあ…。

ユニット3　読解文　お礼の手紙　先生へ

遠藤先生

　先日の遠足では、＿＿＿＿＿。また、お弁当を＿＿＿＿＿、どうもありがとうございました。

　香山公園の頂上から見た景色は、＿＿＿＿＿。私は北京に来てもう二年になりますが、＿＿＿＿＿。美しい景色を眺めて、みんなで一緒にご飯を食べるのはすばらしいですね。そのときに＿＿＿＿＿いたしました。どうぞ＿＿＿＿＿。みんな、とても＿＿＿＿＿です。（私は＿＿＿＿＿顔をしているでしょうか。お弁当がとてもおいしくて、＿＿＿＿＿ので…。）ぜひ、また＿＿＿＿＿と思います。

　先生には日本語の授業でも＿＿＿＿＿。＿＿＿＿＿。

四月二十日

王　宇翔

第2単元の練習（第19～21課）

1. 写出下列画线部分的汉字的正确读音。

   (1) 今夜は寮に戻らないで友達の家に泊まります。
   (2) 会議の後で皆様のご意見をお伺いしたいのですが…。
   (3) 私は中国から参りました。
   (4) 彼は私の尊敬する人です。
   (5) 卒業してから通訳になるつもりです。
   (6) 京都は何度も行きましたが、渋谷は一度も行ったことがありません。
   (7) 37度5分です。少し熱がありますね。
   (8) 月末になるとお金がなくなります。
   (9) 頂上とは、山のいちばん上という意味です。
   (10) 交通渋滞というのは、どういう意味ですか。

(1)	(2)	(3)	(4)	(5)
(6)	(7)	(8)	(9)	(10)

2. 将下列画线部分的假名改写成汉字。

   (1) 海南省の三亜は景色が美しいですが、たいふうが来ると大変です。
   (2) 梅雨に入るとくもりの日が多い。
   (3) 熱がさがらないんです。
   (4) 山に登ると東から昇ってくるたいようがよく見えます。
   (5) 道が分からなかったら早くれんらくしてください。
   (6) 旅先で運命の人にであうなんて夢にも思わなかった。
   (7) すみません、にもつを取ってくださいませんか。
   (8) 帰宅途中、混んでいる電車でさいふをなくしてしまった。
   (9) 毎週週末になると、がいしゅつしています。
   (10) 新しく買った家は公園の近くにあって、ながめがいいです。

(1)	(2)	(3)	(4)	(5)
(6)	(7)	(8)	(9)	(10)

3．在下列（　　）里填入适当的助词。每个（　　）填一个假名。

(1) 日本人同士の話が聞き取れる（　）（　）時間（　）かかります。

(2) コーヒーがなければ、紅茶（　）します。

(3) 近く（　）大きいスーパー（　）できたので、生活用品は何（　）（　）買えます。

(4) 彼は日本へ来てから日本語の勉強を始めた（　）（　）、日本語が上手ですね。

(5) はがき（　）郵便番号を書く（　）（　）忘れてしまいました。

(6) 隣の部屋の話し声がうるさい（　）（　）眠れません。

(7) さっきまで雨が降っていましたが、出かける（　）雨がやみました。

(8) いただいたお菓子（　）半分（　）分けて隣の田中さんにあげました。

(9) 自分の目（　）見たこと、耳（　）聞いたことは、いつまでも印象に残っている。

(10) 道（　）迷ったら近く（　）通っている人（　）聞いてください。

4．从 a～d 中选择一个正确答案。

(1) 今日は_____ので、車が少ないです。
　　a．休み　　b．休みだ　　c．休みな　　d．休みた

(2) 撮影禁止と_____のに写真を撮る人がいる。
　　a．書いてある　b．書いてくる　c．書いていく　d．書いている

(3) どんなに頑張っても明日までには_____。
　　a．完成できる　　　　　b．完成しそうだ
　　c．完成したそうです　　d．完成しそうもない

(4) 電子辞書の_____小型の辞書が欲しい。
　　a．ような　　b．ように　　c．そうな　　d．そうに

(5) 大学の周辺は_____、ちょっとさびしい。
　　a．静かだ　b．静かすぎて　c．静かすぎで　d．静かので

(6) 8歳の娘は、ときどき大人_____話します。
　　a．みたいな　b．のみたい　c．みたいに　d．のみたいに

(7) どこへ行って資料を_____いいか教えてください。

　　　　a．集めた　　　　b．集める　　　　c．集めて　　　　d．集めたら
(8) 劉さんは体が小さいので力が_____です。
　　　　a．なかった　　　b．ないそう　　　c．なさそう　　　d．ないよう
(9) 私はいつも味が_____果物を選んで買います。
　　　　a．よさそうな　b．よそうな　　　c．よいそうな　　d．いいそうな
(10) 天気が_____子供と一緒に外で遊びます。
　　　　a．良くれば　　　b．良くと　　　　c．良ければ　　　d．良いけど

5．完成下列対话。

(1) A：単語の意味がよく分からない場合は、どうすればいいですか。
　　B：_____。

(2) A：地震が起きた時は、どうしたらいいですか。
　　B：_____。

(3) A：胃の調子はどうですか。治りましたか。
　　B：_____のに_____。
　　A：それはいけませんね、医者に見てもらったほうがいいですよ。

(4) A：ピクニックは雨でも行きますか。
　　B：いいえ、_____。

(5) A：試験はできましたか。
　　B：ええ、_____ので_____。

(6) A：あら、もう10時。大変、帰らなくちゃ…。
　　B：えっ、もう帰るんですか。
　　A：ええ、_____ないうちに_____。

(7) A：お風呂に入ってから寝ますか。
　　B：いいえ、もう遅いですから_____。

(8) A：コンサート、もうすぐ始まるよ。李さんはまだ来てないね。
　　B：あっ、さっき電話で、急用ができて来られないって言ってました。
　　A：えっ。_____のに。

(9) A：中国人はよくお茶を飲みますね、いつでも熱いお茶ですか。
　　B：ええ、_____。

(10) A：しまった。
　　　B：えっ、何かあったんですか。
　　　A：_____てしまった。

6．用适当的敬语表达方式完成句子。

(1) ご主人は何時ごろ_____。（帰る）
(2) 先生、卒業記念写真を_____。（見る）
(3) お名前を_____（呼ぶ）ので、しばらく_____ください。（待つ）
(4) 奥様はお酒を_____。（飲む）
(5) もしもし、田中さんは_____。（いる）
(6) きれいな写真ですね。どちらで_____。（とる）
(7) 夕べ、社長をお宅まで_____。（送る）
(8) 飲み物は何に_____か。（する）
(9) 来週の日曜日、お宅に_____てもよろしいですか。（訪問する）
(10) 今日の講演会で20年ぶりに先生に_____本当に嬉しいです。（会う）

7．完成下列句子。

(1) 自動販売機にお金を入れれば_____。
(2) エレベーターの調子が悪い時は、_____。
(3) 誰もいないのに_____。
(4) 誰もいないので_____。
(5) 留学生が来れば_____。
(6) 退職しても_____。
(7) ゴールデンウィークは、_____。
(8) 先輩から_____ＣＤプレーヤーを妹に_____。
(9) 先週、先生の奥様にお寿司の作り方を_____。
(10) 道が分からない私のために、先生は駅まで_____。

8．将下列句子译成日语。

(1) 学生中只有两个人去过日本。

(2) 学校的停车场很小，请家长坐地铁或公交车来参加家长会。

(3) 我想请田中老师给我写封推荐信。

(4) 旁边的年轻人给那位腿不太好的老人让了座位。

(5) A：你的日语很棒！跟谁学的？
　　B：是我爸教我的。

(6) 我努力学习了，可是考试还是没考好。

(7) 发生火灾的时候，请不要乘坐电梯。

(8) 因为刮沙尘暴，高速公路封闭了。

(9) 父亲作为翻译家比作老师有名。

(10) 这个工作请小王帮忙怎么样？

(11) 毕业就是修完全部学分离开大学的意思。

语法小结

句型	意思	例句
日语简体会话的特点(1)(2)		どこへ行くの？
动词、形容词的条件形		する→すれば　　くる→くれば 見る→見れば　　書く→書けば
Vたら	条件	東京についたら、電話をください。
Nなら(ば)	凸显、条件	簡単な会話ならできます。
Vたらどうですか	建议	先生に聞いたらどうですか。
N1またはN2	选择	東京または京都のプランをご用意します。
～そうだ	征兆、外表	雨が降りそうだ。
Nのようだ	比喻、示例	まだ2月なのに、春のようだ。
Nみたいだ	比喻、示例	李さんはまるで子どもみたいだ。
Vてしまった	消极的结果	宿題を忘れてしまった。
くださる／いただく／さしあげる	授受・敬语	先生は辞書をくださいました。 先生から辞書をいただきました。 先生に中国のお茶を差しあげました。
Vてくださる／ていただく／てさしあげる	受益・敬语	先生は日本語を教えてくださいました。 先生に日本語を教えていただきました。

续表

句型	意思	例句
V（よ）うか	犹豫	電話しようか。
～ても	让步条件	高くても買います。
でも	极端的情况	子どもでも分かる。
～うちに	时段	雨が降らないうちに帰りましょう。 若いうちにいろいろ経験したい。
Nのうち	范围	友だちのうち２人が留学しました。
～場合は	假设	４人の場合は、タクシーのほうが安い。
疑問詞＋Vたらいいか	询问	何時に出発したらいいですか。
Vばいい	建议	好きなら買えばいいでしょう。
Vて／Vないで	伴随状态	マスクをしないで出かけた。
～くらい	程度	涙が出るくらい痛かった。
～すぎる	过度	それは考えすぎです。
～とは～という意思だ	说明、解释	黄砂とは黄色い砂という意味だ。
～し～し	并列	彼は頭がいいし、運動ができるし、たいへん持てる。
のに	转折	日曜日なのに授業がある。
Vると、～た	契机～发现	メールを送ると、すぐ返事が来た。
Vていられない	状态难以持续	疲れて、立っていられなかった。
Nによって	基准	春節の過ごし方は地方によって違う。
Nとして	资格、性质	一生の仕事として通訳の仕事を選んだ。
敬語（１）（２）		古屋先生はいらっしゃいませんか。 すぐ参ります。 先生もお読みになりましたか。 わたしも読みました。
Vてくださいませんか	客气的请求	少し待ってくださいませんか。
お／ごVください	请求	どうぞお入りください。 ご安心ください。
Vております	自谦	お待ちしております。

第22課　宝くじ

単語帳

期末テスト　ゲームソフト　ジーンズ　バッグ　グラフ　DJ
資金　確率　対象　詳細　日常　状態　目的　精神　大学生　社会人　友人
宝くじ　このごろ　金持ち　一等　大金　運　期末　お年玉　学割　本末転倒　一式
第一　字　ゆとり　有効　有無　複数　遊び　関心　欄　ため　こと -作り　進級
故障　実施　回答　掲載　維持　記述　挑戦　優先
当たる　生きる　動く　生かす　関わる　読み取る　かける
低い　冷たい　浅い　自由　非常　反対　確か　案外　あんまり　ほどほど　なんて
一度も　どんなに　もし　次に　次いで　ところで　ただし
国慶節

文法リスト

～ために＜原因＞　　　　　　　　　～ために／～ためのN＜目的＞
Vるように＜目的＞　　　　　　　　～たら＜假定条件＞
Vてみる＜尝试性的动作＞　　　　　～そうだ＜间接引语＞
～って＜引用＞　　　　　　　　　～なんて＜主題＞
どんなに/いくら～ても＜转折性的条件＞　　どんなに～でしょう＜感叹＞
Nを対象に(して)＜対象＞　　　　　Nを中心に(して)＜中心＞
～と考えられる/思われる＜自动＞　～こと＜名词化＞

第22課　宝くじ

Ⅰ. 文字・詞汇・语法

1. 写出下列画线部分汉字的正确读音。

   (1) クイズに当たったら映画のポスターがもらえます。
   (2) 宝くじなんてぜんぜん関心を持っていません。
   (3) コピー機は故障しているので、使えないです。
   (4) 一戸建ての家を買うなら大金が必要です。
   (5) 本末転倒ってどういう意味ですか。
   (6) 3つの科目が不合格になったら進級できません。
   (7) 詳しい内容はホームページに掲載されています。
   (8) 一度世界記録に挑戦してみたい。
   (9) この仕事は経験の有無に関係ありません。
   (10) 自由な発想は大切だ。

(1)	(2)	(3)	(4)	(5)
(6)	(7)	(8)	(9)	(10)

2. 将下列画线部分的假名写成汉字。

   (1) 右をもう少しひくくしてください。
   (2) 荷物はたしかに一人23キロ以下です。
   (3) わたしはこの意見にはんたいです。
   (4) 日本に来てにちじょう生活で困ったことがありますか。
   (5) 学生はよく授業の後でしつもんをします。
   (6) 子供のせいちょうは速いですね。
   (7) 高校生は、親よりゆうじんと悩みなどを相談する。
   (8) ここからの眺めはあんがいすばらしい。
   (9) 大学に入ってからおとしだまをもらえなくなった。
   (10) この質問にはふくすうの選択肢があります。

(1)	(2)	(3)	(4)	(5)
(6)	(7)	(8)	(9)	(10)

3．在下面（　）中填入适当的助词。每个（　）填一个假名。

(1) 来週、卒業生（　）対象（　）して、「就職」（　）ついての講演があるそうだ。

(2) 日本のことなら何（　）（　）知りたいです。

(3) 中学校の現場で、甲骨文（　）資料（　）して、「漢字の成り立ち」を教えています。

(4) 若いうちは、関心（　）持っていること（　）挑戦しよう。

(5) クイズ番組の答え（　）携帯（　）メールを送った。

(6) 生活（　）困ったことがあったら、留学生係（　）相談します。

(7) 「おせち料理」は一度（　）食べたことがありません。

(8) アルバイト（　）得たお金は、何（　）使うんですか。

(9) 日本（　）（　）中国（　）（　）宝くじがあります。

(10) 勉強は大学生活（　）大事だ（　）思います。

(11) 7時のニュース（　）よる（　）、実験は失敗したそうです。

4．将（　）中的词改成适当的形式填空。

(1) どんなに（会いたい）＿＿＿＿＿＿、会わないほうがいいと思う。

(2) 時間とお金が（ない）＿＿＿＿＿＿たら旅行ができません。

(3) 日本語を（生かす）＿＿＿＿＿＿ために、日本の企業に就職したい。

(4) 授業に（遅れる）＿＿＿＿＿＿ために、先生に叱られました。

(5) 町で好きな歌手に（会う）＿＿＿＿＿＿なんて夢にも思わなかった。

(6) 天気が（いい）＿＿＿＿＿＿ば、富士山が見える。

(7) 魚が（新鮮だ）＿＿＿＿＿＿たら、刺身が作れます。

(8) 迷子に（なる）＿＿＿＿＿＿ように地図を持って行きます。

5．用（　）的表达方式完成下列句子。

(1) 李さん：ああ、卒論がやっと終わった。
　　李さんは＿＿＿＿＿＿＿＿＿＿＿＿＿＿＿＿＿＿＿＿＿＿。（って）

(2) 高橋さん：もしもし、美咲、今日は遅いから明日の朝帰ることにするわ。心配しないでね。
　　田中さんは＿＿＿＿＿＿＿＿＿＿＿＿＿＿＿＿＿＿＿。（って）

(3) 先生：期末試験は来週の月曜日にします。
　　先生の話によると＿＿＿＿＿＿＿＿＿＿＿＿＿＿＿＿＿＿。（そうだ）

(4) 中国では、外国に留学する高校生が年々増えています。
　　　_____。（そうだ）
(5) レンジでピザを作るというのは聞いたことがない。
　　　_____。（なんて）

6．完成下列句子。

(1) 生のものですから、いくら新鮮でも_____。
(2) 駅に着いたら_____。
(3) 「試食」というのは_____。
(4) 大金持ちになったら_____。
(5) 新聞によると_____。
(6) おいしそうな刺身を食べてみましたが、_____。
(7) 日本の大学生は_____そうだ。
(8) 中学生が自転車でチベットへ行ったなんて_____。
(9) いい思い出を忘れないように_____。
(10) _____ように医者に言われました。
(11) 昨日彼氏とけんかをしたので_____。
(12) 日本が不景気なので、今年の就職は_____と思う。
(13) インターネット情報で、_____ことが分かった。

7．从a～d中选择一个正确答案。

(1) 22世紀に_____、インターネットはどうなるでしょう。
　　a．なると　　b．なったら　　c．なっても　　d．なるために
(2) この仕事は難しそうですが、挑戦して_____です。
　　a．みたい　　b．いたい　　c．みよう　　d．いい
(3) お土産が早く届く_____、宅急便を利用したほうがいい。
　　a．ために　　b．そうで　　c．ように　　d．と
(4) 先生になる_____、子供が好きでなければなりません。
　　a．ように　　b．そうで　　c．と　　　　d．には
(5) いくら経済が発展_____、人々が精神的に成長しなかったら、何にもなりません。
　　a．すると　　b．したら　　c．しても　　d．すれば
(6) パスワードを忘れた_____、登録できなかった。
　　a．ように　　b．ために　　c．そうに　　d．うちに

(7) 高橋さんの話によると、彼女は去年2回も宝くじに_____そうだ。
　　a．当たる　　b．当たり　　c．当たって　　d．当たった

(8) どんなに頑張って_____、筋肉の老化は防げないそうだ。
　　a．運動する　b．運動して　c．運動した　　d．運動しても

(9) 北京ではいくら_____、どこからか砂が入ってくるので困っている。
　　a．掃除する　b．掃除して　c．掃除した　　d．掃除しても

(10) この企画が実現したら、地元の人は_____喜んでくれるでしょう。
　　a．どんな　　b．どんなに　c．いくら　　　d．どうして

8. 正确排列a～d的顺序，并选择最适合填入__★__的部分。

(1) 年を_____働ける__★__、新しい知識を_____勉強_____です。
　　a．ように　　　b．とっても　　c．もっと　　　d．したい

(2) 宝くじ_____当たる__★__夢は、だれ_____持って_____でしょう。
　　a．でも　　　　b．いる　　　　c．なんて　　　d．に

(3) 先輩_____話_____、今年の就職状況は去年_____厳しい__★__です。
　　a．よりも　　　b．そう　　　　c．によると　　d．の

(4) 留学生__★__ _____ _____、_____調査をしました。
　　a．を　　　　　b．に　　　　　c．アンケート　d．対象

(5) 好きな人とずっと_____ _____ _____★__なことでしょう。
　　a．どんなに　　b．幸せ　　　　c．なんて　　　d．いる

(6) アルバイトの_____ _____ _____ __★__と考えている。
　　a．経験を　　　b．生かそう　　c．をした　　　d．自分の成長に

(7) ボランティア活動に_____ __★__ _____ _____ことが分かりました。
　　a．学生が多い　b．高い　　　　c．持つ　　　　d．関心を

(8) _____ _____ _____ __★__のは大切だ。
　　a．ことに　　　b．挑戦する　　c．今しか　　　d．できない

(9) 社会人なので、_____ _____ __★__ _____と思う。
　　a．仕事を　　　b．ならない　　c．趣味より　　d．優先しなければ

(10) この調査から、中国ではアルバイトの_____ _____ _____ __★__こと
　　　が分かった。
　　a．多い　　　　b．案外　　　　c．経験のない　d．学生が

9. 将下列句子译成日语。

(1) 看一下毕业论文的题目，就知道对日本经济感兴趣的学生格外多。

(2) 为了让生活宽裕一些，日本有不少家庭主妇做小时工。

(3) 大学期间如果只忙着课外活动却忽略了学习，就有点本末倒置了。

(4) 人们常说"凡事应适度才好"，但人有时做事也还是会过度的。

(5) 虽然是盼了好久的旅游，可运气不好，没能看到一直想看的富士山。

(6) 为了让坐在最后的学生都看清楚，老师尽量把字写得大一些。

10. 作文。

这是一项于2006年5月实施的，以日语自学者为调查对象的问卷调查，调查题目是学习日语的目的，结果如下：请你作为调查者写一份调查报告，总结、分析调查结果，并谈一谈你对此调查结果的看法。

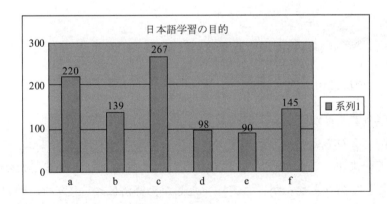

a．仕事で必要だから
b．留学したいから
c．漫画、アニメ、ドラマ、ゲームが好きだから
d．いつか役に立つだろうと思うから
e．趣味で勉強している
f．別に目的なし

Ⅱ. 听力

1. 听录音，选择正确答案。

   (1) _____ (2) _____ (3) _____ (4) _____ (5) _____

2. 听录音，选择正确答案。

   (1) _____ (2) _____ (3) _____ (4) _____

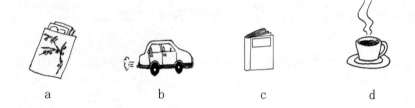

3. 听录音，从1～3选项中选择最佳应答。

   (1) _____ (2) _____ (3) _____ (4) _____

Ⅲ. 阅读

阅读下列对话，根据其内容回答问题。

（AとBは本屋で買い物をしている）

A：Bさん、この本を知っていますか。とてもおもしろいそうですよ。

B：知っています。この間友人がとても良い本だって言っていましたから。まだ読んだことはありませんが、（ア）。たしか、経済についての本ですよね。

A：そうです。経済の本なんて難しいだろうと思っていたのですが、この本は簡単に読めるそうです。だから人気があるのでしょうね。

B：最近は、この本のように、少し難しい内容を簡単な言葉で書いた本が多いですね。

A：そうですね。こういう本なら、内容が少し難しくても読んでみようという気持ちになりますね。

問題

(1) 次のa～dから、正しいものを選びなさい。

a．AさんはこのAを読んだことがあるが、Bさんは読んだことがない。
　　　b．BさんはこのAを読んだことがあるが、Aさんは読んだことがない。
　　　c．AさんもBさんもこの本を読んだことがない。
　　　d．AさんもBさんもこの本を読んだことがある。
（2）次のa〜dから、空欄（ア）に入れるのに適当なものを選びなさい。
　　　a．時間があったら読んでみたいです。
　　　b．今日読んでみようと思います。
　　　c．読みたいとは思いません。
　　　d．内容がとても難しいそうですね。

最後に会話文と読解文を読み直して、_____を埋めなさい。

> **ユニット1　会話　宝くじに当たった人の話**
> 高橋　李さん、_____ですか。_____ですか。
> 李　　あ、高橋さん。_____、先週の試験の成績が悪かったんです。
> 　　　このごろ_____、あんまり勉強しなかったから…。
> 高橋　_____。
> 李　　高橋さん、日本にも_____ありますか。
> 高橋　ありますよ。でも、_____んですか。
> 李　　お金があったら、_____？宝くじに当たったら、すぐお金持ちになれますからね。
> 高橋　そうですね。_____、先週、友達のお兄さんが宝くじに当たった_____。
> 李　　え、本当ですか。
> 高橋　ええ、_____買ってみたら1等に当たったそうです。友達は、お兄さんは_____って言ってました。
> 李　　初めて買った人が1等に当たったなんて、_____。_____、1等っていくらぐらいですか。
> 高橋　いくらかわからないけど、すごい大金でしょうね。
> 李　　その人、そんな大金を_____。
> 高橋　さあ…。
> 李　　ほしいものが何でも買えますね。
> 高橋　それに_____。
> 李　　買ってみようかな。でも、_____だろうな。
> 高橋　_____でしょう。夢を買うんだから。

ユニット2　会話　本末転倒

李　　高橋さん、＿＿＿＿＿＿＿。
高橋　ああ、宝くじの話ですね。
李　　ええ。わたしも宝くじを買おうと思って…。
高橋　そうですか。＿＿＿＿＿＿＿。アルバイト＿＿＿＿＿＿＿。
李　　そうですね。もし1等が当たったら、何を買おうかな。
高橋　ゲームソフトを作るための＿＿＿＿＿＿＿？
李　　＿＿＿＿＿＿＿買えますね。それに、ゲームソフトの会社を＿＿＿＿＿＿＿…。
高橋　宝くじに当たって、「学生社長」になったら、＿＿＿＿＿＿＿。
李　　「学生社長」か…。＿＿＿＿＿＿＿。
高橋　でも、1等に当たるためには何枚ぐらい＿＿＿＿＿＿＿。
李　　＿＿＿＿＿＿＿から、たくさん買わなくては…。＿＿＿＿＿＿＿！宝くじが＿＿＿＿＿＿＿もっとアルバイトしよう。
高橋　でも、アルバイトをしすぎて、＿＿＿＿＿＿＿んでしょう。
李　　あ、そうだった。宝くじのために進級できなくなったら、＿＿＿＿＿＿＿ですね。
高橋　そうですよ。学生は、＿＿＿＿＿＿＿ですよ。
李　　＿＿＿＿＿＿＿。ところで、高橋さん、あしたの予習は？
高橋　あ、まだだ！今からしまーす。

ユニット3　読解　「新入生へのアンケートから」東西大学学生新聞

　東西大学学生新聞では、1年生700人＿＿＿＿＿＿＿インターネットで大学生活についてのアンケート調査を＿＿＿＿＿＿＿（有効回答数600）。（調査の詳細は大学新聞ホームページに＿＿＿＿＿＿＿。）この調査では、特に、1）毎月の＿＿＿＿＿＿＿とアルバイトの＿＿＿＿＿＿＿、2）大学生活で大事だと思っていること＿＿＿＿＿＿＿日常生活について複数回答で聞いてみた。

　まず、1）について見る。回答者の70％が自分のコンピューターを持ち、20％が今度の休みに海外旅行を＿＿＿＿＿＿＿。みんな＿＿＿＿＿＿＿にはあまり困っていないと＿＿＿＿＿＿＿。しかし、回答者の75％は何かアルバイトをしている。＿＿＿＿＿＿＿アルバイトをしているのかという質問には、「生活に＿＿＿＿＿＿＿を持つため（45％）」「洋服やバッグなどを買うため（30％）」「遊びや旅行のため（30％）」「生活の維持のため（20％）」などの答えがあった【グラフ1】。1年生の多くが＿＿＿＿＿＿＿アルバイトをしている＿＿＿＿＿＿＿。ただし、「社会勉強のため（15％）」という答えもあり、＿＿＿＿＿＿＿と考えている学生もいる。

「クラブ活動＿＿＿＿（15％）」「趣味＿＿＿＿（13％）」と続く【グラフ2】。大学生のときは、もちろん勉強第一だ。しかし、クラブ活動や趣味などより、人間関係に＿＿＿＿学生が多いことから、1年生が友人や周りの人々との＿＿＿＿にも＿＿＿＿ことがわかる。また、「何でもほどほどに（22％）」という回答から、何でも広く浅く関わりたいと考えている人も多い＿＿＿＿。

第23課　弁論大会

単語帳

ドア マイク プログラム クラスメート アイデア スピーチ コンテスト マグニチュード
成果 発想 材料 教養 教訓 児童 現地 弁論大会 掲示板 優勝者 案内状 おやつ 新製品 切り口 期日 行き先 月日 どっち 揺れ 地震 震災 震源地 死者 高齢者 犠牲者 被災地 飲料水 食料 防寒具 避難所 市町村 落下物 家具 過半数 身 方々 新中国 建国 今回 以来 全半壊塌 一人暮らし －戸 －位 －暮らし
弁論 優勝 掲示 注文 出場 決意 開発 予算 提出 施設 確保 固定 指定 応急 参考 感動 指導 意志 重傷 倒壊 安全 防寒 提供 貯水 避難 転倒
次ぐ 消す 試す 学ぶ 申し込む できる 振り返る 通りかかる あきらめる 立てる 隠れる 起きる 備える 広まる
気軽 きちんと ぜんぜん 不十分
海淀区 李霊真 唐山 新疆 淡路 阪神

文法リスト

Ｖておく＜动作结果的存续＞	Ｖてある＜客体存续的状态＞
Ｖることになる＜规定、结果＞	Ｖることにする＜决定、行为＞
Ｖてよかった＜积极评价＞	Ｖばよかった＜后悔、遗憾＞
Ｎをもとに（して）＜题材、话题＞	Ｎをはじめ＜代表性事物＞

Ⅰ．文字・词汇・语法

1．写出下列画线部分汉字的正确读音。

(1) クラスの代表として、来週のスポーツ大会に参加することになりました。
(2) 次に、優勝者から感想を話していただきましょう。
(3) 行きたい人は、下記のメールアドレスに申し込んでください。
(4) 来週レポートを提出しなければなりません。
(5) 最近の研究成果を報告します。
(6) 休講のお知らせは掲示板に貼ってあります。
(7) 難しそうなことを試してみたところ、意外に簡単でした。
(8) 来年の予算は今年の2倍になるそうです。
(9) 祖母と一緒に暮らした月日は、私にとって一生の宝物です。
(10) いくら親に反対されても、やはり諦められません。

(1)	(2)	(3)	(4)	(5)
(6)	(7)	(8)	(9)	(10)

2．将下列画线部分的假名改写成汉字。

(1) 冷蔵庫にあるざいりょうを使って、料理を作った。
(2) はっそうが違う人と話すと勉強になります。
(3) いろいろ考えた結果、ＳＯＨＯで働くことをけついした。
(4) お茶を飲みながらきがるに意見交換をしましょう。
(5) しんせいひんの開発には、田中さんのような人がどうしても必要です。
(6) この映画から大事なことをまなんだ。
(7) 読書感想文はきりくちが命！
(8) ちゅうもんがたくさん入って忙しい。
(9) 今までの生活をふりかえれば、学生時代がいちばん楽しかったと思う。
(10) 具体的な知識より、きちんときょうようを身につけるほうが大切だ。

(1)	(2)	(3)	(4)	(5)
(6)	(7)	(8)	(9)	(10)

3．从a～d中选择一个正确答案。

(1) 大きい講堂ですから、＿＿＿＿を使ったほうが楽でしょう。
　　a．カード　　　　b．マイク　　　　c．コート　　d．ヒント

(2) この商品は、私の＿＿＿＿をもとに作りました。
　　a．カルチャー　　　　　　　　b．アイディア
　　c．コンテスト　　　　　　　　d．サービス

(3) 男と女は体が違うから＿＿＿＿も違います。
　　a．思想　　　　b．愛想　　　　c．空想　　d．発想

(4) この施設は目の不自由な＿＿＿＿にサービスを提供しています。
　　a．ものもの　　b．さまざま　　c．かたがた　d．ことこと

(5) どんなに大変でも＿＿＿＿頑張りたい。
　　a．諦めないで　　　　　　　　b．願わないで
　　c．済まないで　　　　　　　　d．立てないで

(6) 大学時代を＿＿＿＿みると、楽しい思い出ばかりだ。
　　a．飛び出して　　　　　　　　b．取り戻して
　　c．つながって　　　　　　　　d．振り返って

(7) あの店の前を何回も＿＿＿＿が、入ったことはありません。
　　a．通りかけました　　　　　　b．通りかかりました
　　c．話しかけました　　　　　　d．受け入れました

(8) 台風の通過でバナナ農園に被害が＿＿＿＿いる。
　　a．出て　　　　b．出して　　　c．降りて　　d．おきて

(9) 面接では、自分の経験を＿＿＿＿伝えたい。
　　a．きちんと　　b．ずいぶん　　c．どんより　d．なかなか

(10) 留学生と話す機会が＿＿＿＿なくて、困っています。
　　a．かなり　　　b．ぜんぜん　　c．せっかく　d．絶対に

4．从　　　　　中选择最恰当的词改成适当形式填空。

　　消す　消える

(1) 電気を＿＿＿＿＿＿＿てください。
(2) 電気が＿＿＿＿＿＿＿ています。

　　始まる　始める

(3) さあ、今日の勉強を＿＿＿＿＿＿＿ましょう。
(4) 今日から大学生活が＿＿＿＿＿＿＿。

第23課　弁論大会

集まる　集める

(5) 全国から大勢の参加者が_____て来た。
(6) 趣味は、マンガを読むことと_____ことです。

かける　かかる

(7) 電車に乗っているとき、電話が_____てきた。
(8) 国際電話を_____とき、このカードを使ってください。

入る　入れる

(9) この紅茶にジャムを_____と、おいしくなります。
(10) このジュースには蜂蜜が_____ている。

5．从a～d中选择一个正确答案。

(1) 今晩お客さんが来るから、このビールを冷蔵庫に入れて＿＿＿ください。
　　a．いて　　b．みて　　c．おいて　　d．あって
(2) ビールは冷蔵庫に入れて＿＿＿から、冷えているでしょう。
　　a．いる　　b．みる　　c．おく　　d．ある
(3) そのことはもう鈴木さんには話して＿＿＿。
　　a．います　b．みます　c．おきます　d．あります
(4) 切手を貼らずに手紙を出して＿＿＿。
　　a．いた　　b．おいた　c．みた　　d．しまった
(5) 高橋さんはあしたここに来ると聞いて＿＿＿。
　　a．います　b．あります　c．みます　d．しまいます
(6) あの子は毎日甘いものばかり食べて＿＿＿。
　　a．います　b．あります　c．みます　d．おきます
(7) A：窓を閉めましょうか。
　　B：いいえ、そのままにしておいてください。換気のために＿＿＿あります。
　　a．開く　　b．開いて　c．開ける　　d．開けて
(8) 母は買い物に行ったまま、まだ帰って＿＿＿。
　　a．きません　　　　b．いきません
　　c．ありません　　　d．しまいません
(9) 外国に行くときは、いつも中国のお茶を持って＿＿＿。
　　a．きます　b．いきます　c．あります　d．しまいます

(10) 来年から第二外国語を勉強することに_____。
    a．あります　　　　　b．ありません
    c．しています　　　　d．なりました
(11) 私は毎朝ジョギングをする_____。
    a．ことがある　　　　b．ことになる
    c．ことにした　　　　d．ことだ
(12) この大学には、韓国_____、世界各国から留学生が集まっている。
    a．をはじめ　　　　　b．をはじまり
    c．をもとに　　　　　d．を中心に

6．在下列（　　）里填入适当的助词。每个（　　）填一个假名。

(1) 授業の前にその詩（　）黒板に書いておきました。
(2) 黒板に李白の詩（　）書いてあります。
(3) 李さんは黒板に絵（　）描いています。
(4) 図書室のドア（　）開いています。
(5) 今年はいろいろ新しいこと（　）挑戦したいと思います。
(6) 今年から副専攻を選べること（　）なりました。
(7) 大学（　）（　）勉強を生かせる仕事をしたいと思います。
(8) 大学の専攻は自分の意志（　）決めたのですか。
(9) 昔、人々は寒さ（　）（　）身を守るために家を作った。
(10) 試験の結果（　）心配だ。

7．正确排列a～d的顺序，并选择最适合填入__★__的部分。

(1) 肌のケアは____　____　____　__★__ほうがいい。
    a．おいた　　b．20代　　c．して　　d．から
(2) 来月____　____　__★__　____が、ぜひ披露宴にご出席ください。
    a．に　　b．結婚する　　c．こと　　d．なりました
(3) いろいろなダイエット法を試して____、____　____　__★__　____。
    a．途中で　　b．しまった　　c．やめて　　d．みたが
(4) 今の仕事をやめて研究生____　____　__★__　____ことにしました。
    a．大学の　　b．傍聴する　　c．授業を　　d．として
(5) あのとき、もっとおばあさんの____　____　__★__　____。
    a．あげれば　　b．いて　　c．よかった　　d．そばに

(6) みんなの＿＿＿ ★ ＿＿＿ ＿＿＿。
　　a．計画を　　b．立てた　　c．意見を　　d．もとに
(7) 髪型を変えて、＿＿＿ ★ ＿＿＿ ＿＿＿。
　　a．する　　b．しました　　c．ことに　　d．イメージチェンジを
(8) 京都には＿＿＿ ★ ＿＿＿ ＿＿＿がたくさんある。
　　a．お寺　　b．金閣寺を　　c．古い　　d．はじめ
(9) 今回は＿＿＿ ★ ＿＿＿ ＿＿＿になっています。
　　a．こと　　b．日本へ　　c．優勝者を　　d．招待する
(10) ＿＿＿ ★ ＿＿＿ ＿＿＿。
　　a．よかった　　b．出して　　c．勇気を　　d．相談して

8．把下列句子译成日语。

(1)（学校决定）下周将召开新生欢迎会。

(2) 我每周去游两次泳。

(3) 考试前要把书再读一遍。

(4) 桌子就那么放在那里吧，一会儿我来搬。

(5) 要是不写最后这几句就好了。

(6) 挂在墙上的照片是去年在热海照的。

(7) 以问卷调查为基础写了一份报告。

(8) 北京等大城市交通都很拥挤。

(9) 这个地区独居的老年人很多，参加庆祝活动的大多数人都是60岁以上的老年人。

(10) 中国等发展中国家在发展经济的同时，还应注意环境保护问题。

9．利用下列资料，写一份报告，字数不限。

　　日本青少年研究所では、2011年6～11月に日本（2458人）、アメリカ（1032人）、中国（2235人）、韓国（2292人）の高校生を対象に調査を行いました。その結果の一部は次のようになっています（%）。

　　○　あなたは現在、大事にしていることは何ですか。

	日本	米国	中国	韓国
1．希望の大学に入学すること	59.6	68.8	86.8	87.0
2．成績がよくなること	62.0	80.7	78.6	82.8
3．自分の趣味や特徴を生かすこと	50.5	52.7	51.6	58.6
4．何か特技をもつこと	37.9	37.0	56.2	52.8
5．友人関係がうまくいくこと	58.1	70.7	67.9	65.1
6．自分で自分の道を決めること	46.2	76.3	52.6	77.7
7．好きな異性と仲良くできること	23.9	54.7	25.4	38.8
8．クラスの人気ものになること	6.4	13.6	18.5	20.5
9．親に自分のことをわかってもらうこと	13.9	44.3	50.1	44.2
10．先生に理解されること	9.9	27.5	37.0	21.4
11．思い切り遊んだり、好きなことをしたりする	60.7	50.8	38.9	74.2
12．家族が仲良くすること	27.7	71.8	63.3	56.6
13．社会に貢献できることを見つけること	18.6	29.5	28.9	22.1
14．部活や競技などで活躍すること	31.6	50.2	24.2	23.8
15．その他	5.7	24.4	1.7	2.2
16．特にない	2.9	2.3	0.5	0.3
実数（人）	2458	1032	2235	2292

　　http://www1.odn.ne.jp/youth-study/reserch/index.html

Ⅱ．听力

1．听录音，选择正确答案。

　　(1)_____　(2)_____　(3)_____　(4)_____　(5)_____

2．听录音，选择正确答案。

（1）みんなが帰ったあと、教室の中はどうなっていますか。

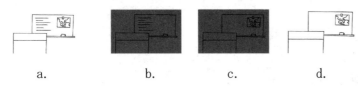

a.　　　　　b.　　　　　c.　　　　　d.

（2）テーブルの上にないものはどれですか。

a.　　　　b.　　　　　c.　　　　　　d.

3．听录音，仿照例子完成山田的日程表。

《山田さんの予定》

木曜日（今日）	d
金曜日	
土曜日	
日曜日	
月曜日	

a．お見舞いに行く
b．バイト
c．友達と映画に行く
d．お見舞いに行く日を決める
e．論文指導をしてもらう
f．お見舞いにもっていくものを買う

Ⅲ．阅读

阅读下面的文章，根据其内容回答问题。

東西区からのお知らせ

東京都では4月1日から資源ゴミを集めることになりました。東西区では資源ゴミを毎週水曜日に集めることにします。4月2日からご家庭の資源ゴミを出すことができます。また、4月1日からそのほかのゴミを出す曜日も変わります。以下の説明をよく読んで、正しくゴミを出してください。

資源ゴミ
　プラスチックでできたもの、粉ミルクの缶、古新聞などのリサイクルできるゴミ。
注意
　◆ 資源ごみは種類ごとに分けて出してください。
　◆ 粉ミルクの缶は中をきれいに洗っておいてください。
4月1日からゴミを出す曜日が変わります
　◆ 燃えるゴミ　月曜日、水曜日→木曜日、土曜日
　　燃えないゴミ　木曜日→火曜日
　　資源ゴミ　水曜日

問題　内容に合っているものを一つ選びなさい。
（1）a．東西区では4月1日から資源ゴミを集める。
　　　b．資源ゴミは全部洗わなければなりません。
　　　c．プラスチックは燃えないゴミの日に出します。
　　　d．4月2日は水曜日です。
（2）a．東京都では4月1日はゴミを出してはいけません。
　　　b．東西区では4月1日は、資源ごみを出してもいいです。
　　　c．4月1日は、燃えないゴミを出してもいいです。
　　　d．4月1日は、どんなゴミを出してもいいです。

最後に会話文と読解文を読み直して、_____を埋めなさい。

　ユニット1　会話　弁論大会のポスター
李　　きょうの授業は難しかったですね。
山田　ええ。
李　　山田さんは、_____よね。呉先生の難しい質問にも、いつも_____。
山田　ううん、_____。でも、日曜日の夜、_____。

李　　＿＿＿＿なあ。僕も、週末のあいだに＿＿＿＿。
山田　次から＿＿＿＿。
李　　そうですね。＿＿＿＿。
李　　あ、山田さん、教室のドア、開いてるけど、＿＿＿＿でしょうか。
山田　＿＿＿＿。まだ出て来る人がいそうだから。
李　　そうですね。まだ＿＿＿＿。
山田　あ、新しいポスターが＿＿＿＿。何だろう…。
李　　弁論大会。日本語を学んでいる皆さん、弁論大会に参加しませんか、＿＿＿＿。大会は9月、＿＿＿＿！すごい！
山田　あれ？でも、この大会って、3年生＿＿＿＿と思いますけど…。あ！今年は2年生＿＿＿＿んですね。
李　　うーん。今までの勉強の成果を＿＿＿＿。山田さん、弁論大会の1位と宝くじ、どっちが＿＿＿＿と思いますか。
山田　それは、＿＿＿＿弁論大会でしょう。
李　　そうですよね。
山田　それに、李さんは＿＿＿＿し、＿＿＿＿だから…。
李　　上手じゃないけれど、＿＿＿＿かな。

ユニット2　会話　弁論大会出場への決意

高橋　李さん、山田さん、何を見てるんですか。
李　　あ、高橋さん。これ。このポスターを見てたんです。
高橋　あ、弁論大会ですね。へえ、今年から2年生も＿＿＿＿んですね。
李　　ええ、9月にあるんですけど、わたし、これに＿＿＿＿んです。
高橋　＿＿＿＿！でも、どうして？
李　　優勝者は＿＿＿＿んですよ。＿＿＿＿秋葉原に行って、ゲームソフトやパソコンの新製品を見て、将来のゲームソフト開発の＿＿＿＿んです。
高橋　ああ、李さんの＿＿＿＿はコンピューターですからね。
李　　ええ。それに、山田さんが優勝の＿＿＿＿は宝くじより＿＿＿＿から、＿＿＿＿。
山田　李さんなら、＿＿＿＿。そう思いませんか、高橋さん。
高橋　そうですね。李さん、＿＿＿＿。
李　　はい。ああ、何について話そうかな。
高橋　そうですね。＿＿＿＿が、大事ですよね。
李　　最近の＿＿＿＿のはどうですか。

高橋　そうですね。ほかの人と_____で話せばおもしろいかも…。
李　_____最近の話題って何ですか？
高橋・山田　え？？

ユニット3　読解　地震：李のスピーチの参考資料

＜新疆大地震＞
発生日時：2003年2月24日　　　　震源地：中国北西部、新疆
マグニチュード：M6.8　　　　　　死者：調査中（現在266人）
重傷者：調査中（現在750人）　　全半壊建物：調査中（現在50,000戸）
現地からの報告：

　1949年の_____以来、1976年の唐山大地震_____、被害の大きい地震である。
　_____建物の中には学校もあり、子供たちの安全が_____。また、被災地は非常に寒いので、被災者の方々への防寒具の_____だ。
　貯水施設にも_____いて、現地での飲料水の確保が_____。

＜阪神・淡路大震災＞
発生日時：1995年1月17日　　　　震源地：日本、淡路島
マグニチュード：M7.2　　　　　　死者：6,433人
重傷者：43,792人　　　　　　　　全半壊建物：274,181戸
現地からの報告：

　都市で起きた、有名な地震だ。この地域には_____の高齢者が多く、この地震の犠牲者の過半数は60歳以上の高齢者だった。日本では、地震のときはまず_____、机の下に隠れる_____。しかし、この地震は_____くらい大きな揺れだったから、お年寄り_____、多くの人が避難できなかった。家具の転倒や落下物から身を守るために、家具などを_____必要がある。また、どこの市町村でも避難所が指定してあるが、阪神・淡路大震災で応急の避難所になった学校などに_____のは、被災者の12%だけだった。今回の教訓_____、地震に_____各家庭で飲料水、食料などを_____だろう。

第24課　留学試験の面接

単語帳

ディスカッション　ドイツ　スペイン　ロマンチック　ゼミ　マニュアル　ファーストフード　フリーター　マスター

面接　面接官　制度　年代　現代　知人　力　視野　曲　教会　作品　順番　敬語　部下　所有物　彼女　制服　車庫　新入社員　どろぼう　始め　部分　年々　店長　お客様　あちら　-軒　-がた　-本　-店　-官

緊張　応募　開講　作曲　所有　新入　担当

受けとめる　広げる　好む　建てる　はやる　売れる　述べる　いく　うまくいく　あがる　しかる　壊す　割る　踏む　間違える　汚す　盗む　使い分ける　身につける

うまい　正しい　逆　変　なぜ　なるほど　けっこう　もう少し

同-　異-

聖徳太子　魯迅　田島

文法リスト

Nをきっかけに（して）＜契机＞

〜のではないか（と思う）

〜らしい＜传闻、推測＞

被动态与被动句(1)(2)

I. 文字・词汇・语法

1．写出下列画线部分汉字的正确读音。

(1) 情報過多の<u>現代</u>社会では、「正しい判断力」は重要だ。

(2) 新しい<u>店長</u>は、経営に詳しく、優しい、素敵な方です。

(3) <u>聖徳太子</u>は漢文化にすごく興味があったそうです。

(4) <u>作曲</u>を勉強して、自分の作った曲をピアノで演奏するのが私の夢だ。

(5) 目上の人には<u>敬語</u>を使ったほうがいいでしょう。

(6) いいリーダになるには、まず<u>部下</u>の気持ちをよく理解することだ。

(7) いつか好きな人と<u>教会</u>で結婚式を挙げたい。

(8) <u>新入社員</u>を厳しく教育する。

(9) どんな雑誌が若者に人気があってよく<u>売れ</u>ますか。

(10) この絵は左右が<u>逆</u>になっている。

(1)	(2)	(3)	(4)	(5)
(6)	(7)	(8)	(9)	(10)

2．将下列画线部分的假名改写成汉字。

(1) <u>きんちょう</u>して、声が出なかった。

(2) 広告を出した次の日から、<u>おうぼ</u>の電話がたくさん来た。

(3) 単語をアルファベッドの<u>じゅんばん</u>に並べてください。

(4) <u>めんせつ</u>では自分の長所や能力をわかりやすくアピールしましょう。

(5) 教科書の編集を<u>たんとう</u>しています。

(6) 留学生との交流で視野を<u>ひろげる</u>ことができました。

(7) 他人の<u>しょゆうぶつ</u>を勝手に使ってはいけない。

(8) この音楽の<u>はじめ</u>の部分はどこかで聞いたことがあります。

(9) 表と裏を<u>まちがえ</u>ないでくださいね。

(10) この言葉、<u>ただしく</u>発音できますか。

(1)	(2)	(3)	(4)	(5)
(6)	(7)	(8)	(9)	(10)

3．从a～d中选择一个正确答案。

　　(1) よくマクドナルドなどの＿＿＿＿の店で食べます。
　　　　a．ファーストフード　　　　　b．ディスカッション
　　　　c．ネックレス　　　　　　　　d．スモッグ
　　(2) 12月は一年のなかで一番華やかで＿＿＿＿です。
　　　　a．フリーター　　　　　　　　b．ロマンチック
　　　　c．プラスチック　　　　　　　d．メニュー
　　(3) カメラの＿＿＿＿は、PDF形式でダウンロードできます。
　　　　a．マニュアル　　　　　　　　b．デラックス
　　　　c．ツーリスト　　　　　　　　d．カルチャー
　　(4) 良い生活習慣を＿＿＿＿ことは大切です。
　　　　a．心につける　　　　　　　　b．気をつける
　　　　c．体につける　　　　　　　　d．身につける
　　(5) 現実はなかなかうまく＿＿＿＿。
　　　　a．しない　　b．こない　　　c．いかない　　　d．みない
　　(6) 毎日会社に行かなくてもいいから、＿＿＿＿です。
　　　　a．がく　　b．らく　　　c．なま　　　d．せわ
　　(7) すみません、あと10分でできますから、＿＿＿＿待っていてください。
　　　　a．なるほど　b．たいへん　　c．もう少し　　　d．もういちど
　　(8) フランス語の発音は＿＿＿＿難しいそうですよ。
　　　　a．すぐ　　b．ただし　　c．けっこう　　　d．できるだけ
　　(9) あの頃は苦いコーヒーを＿＿＿＿。
　　　　a．このんでいた　　　　　　　b．すんでいた
　　　　c．こわしていた　　　　　　　d．まなんでいた
　　(10) 人前で＿＿＿＿しまって、用意していたことが言えなかった。
　　　　a．おちて　　b．のぼって　　c．あがって　　　d．あげて

4．在下列（　　）里填入适当的助词。每个（　　）填一个假名，不需要助词的地方划×。

　　(1) 政府は義務教育（　）力を入れています。
　　(2) 元気（　）出してください。
　　(3) メールアドレス（　）間違えて登録してしまった。
　　(4) 日本語の勉強（　）、何が難しいですか。
　　(5) 僕は将来貿易（　）関係する仕事をしたい。

(6) 先月、大学でマラソン大会（　　）ありました。
(7) 友達（　　）頼まれて、日本酒を買って来ました。
(8) 野菜は体にいいと頭（　　）（　　）分かっていますが、食べたくないです。
(9) アモイ大学（　　）決めたのは、暖かい場所が好きだったからです。
(10) 相手が先生（　　）友達（　　）によって言葉を使い分ける。

5．用被动方式表达下列意思。

(1) 夜中に友達から電話がかかってきた。迷惑でした。

(2) わたしはへんなことを言ってしまいました。みんな笑いました。

(3) わたしは大切な花瓶を壊してしまいました。母はわたしをしかりました。

(4) 先生は佐藤さんの名前を間違えました。

(5) 鍵をかけなかったので、泥棒が入ってしまいました。

(6) 1週間も雨が降りました。海には行けません。

(7) 妹にケーキを残しておいた。だれかがそのケーキを食べてしまいました。

(8) 友達がわたしの日記を読みました。恥ずかしい。

(9) わたしはひどいことを言いました。友達は怒りました。

(10) 大勢の人がこの雑誌を読んでいます。

6．修改下列句子中的语法错误。

(1) 今朝、7時に母に起きられました。

(2) バスの中で女の人の靴に踏まれました。

(3) 兄にケーキが食べられました。

(4) 3年前に一度日本へ行くことがあります。

(5) お風呂に入っているとき、友達に来られて、とてもうれしかったです。

(6) わたしは李さんを誘われました。

(7) きのうテレビで大学祭のニュースが放送しました。

(8) わたしの顔は蚊に刺されました。

(9) あの人はいつもレストランで食事をしている。きっと独身らしい。

7．正确排列a～d的顺序，并选择最适合填入＿★＿的部分。

(1) 将来、日本の＿＿＿ ＿＿＿ ＿＿＿ ＿★＿をしたいです。
　　　a．ポップカルチャーに　　b．仕事　　c．関係の　　d．ある
(2) ＿＿＿ ＿＿＿ ＿＿＿ ＿★＿、うれしかった。
　　　a．パーティーに　　　　　　b．招待されて
　　　c．クラスメイトの　　　　　d．美穂さんに
(3) 趙さんと＿＿＿ ＿＿＿ ＿★＿、彼女の友だちとも仲良くなった。
　　　a．なった　　　　　　　　　b．きっかけに
　　　c．のを　　　　　　　　　　d．学習パートナーに
(4) 君にそう言われた＿＿＿、＿＿＿ ＿＿＿ ＿★＿。
　　　a．じゃないか　　　b．から　　c．来たん　　d．ここに
(5) CCTVの新しいビルは外国人＿★＿ ＿＿＿ ＿＿＿ ＿＿＿そうだ。
　　　a．によって　　b．建築家　　c．設計　　d．された

8．把下列句子译成日语。

(1) 老师问了我很多问题，我非常紧张，根本不记得自己说了些什么。

(2) 我想知道年轻人是怎样看待京剧的。

(3) 将来我想做教育方面的工作。

(4) 打工的时候有时因为把尊他语和自谦语弄反了而遭到白眼。

(5) 如果有人问我什么中国菜最好吃，我会回答是烤鸭。

(6) 日本人好像也经常把敬语用错。

(7) 我一般都在学生食堂吃饭，有时候也自己做着吃。

(8) 妈妈提醒我了好几次，我还是忘了带钥匙。

(9) 隔壁的人每天吵到很晚，我根本休息不好。

(10) 去年，我父亲受东京大学的邀请去了日本。

9. 在以下a、b两个网络论坛上留下你的帖子。并作为楼主在c论坛发出你的帖子，请感兴趣的同学回复。

a．ダイエット、美容、美容整形についてどう思いますか。
例：整形して、外見とともに中身も良くなればいいと思います。女性にとっては自信になると思います。ただし、お付き合いをする男性には正直に整形したことを言ってほしいですね。また、男性もそれをわかってあげてほしいと思います。

b．「韓流」は一方的な流れではなく、お互いに交流し、共感するものだと思います。

c．＿＿＿＿＿＿＿＿＿＿＿＿＿＿＿＿＿＿＿＿＿＿＿＿＿。

Ⅱ．听力

1．听录音，选择正确答案。

   (1) _____ (2) _____ (3) _____ (4) _____ (5) _____

2．听录音，仿照例子选择原因和结果。

   例：原因・理由（ e ）　結果（ c ）
   (1) 原因・理由（　　）　結果（　　）
   (2) 原因・理由（　　）　結果（　　）
   (3) 原因・理由（　　）　結果（　　）
   (4) 原因・理由（　　）　結果（　　）

   　　a．雨　　　b．耳が痛い　c．けがをする　　　d．たくさんの仕事
   　　e．ボール　f．タバコ　　g．うるさい音楽　　h．気分が悪い
   　　i．帰れない　j．けがをする　　k．風邪をひく

3．听录音，从a～i中选择符合录音内容的选项，填入（　　）。

   (1) （　）は（　）の自転車の鍵をなくしました。
   (2) （　）は（　）をパーティーに招待しました。
   (3) （　）は（　）の日記を読んでしまいました。
   (4) （　）は（　）に電話番号を教えました。
   (5) （　）は（　）に足を踏まれました。

   　　a．山田さん　b．陳さん　　c．高橋さん　d．渡辺さん　e．趙さん
   　　f．李さん　　g．わたし　　h．誰か　　　i．姜さん

III. 阅读

阅读下列文章，根据其内容回答问题。

　　日本では20歳になると成人と認められる。成人した若者には選挙権が与えられる。また、お酒を飲むこと、タバコを吸うことも許される。一方、まだ成人していない若者でも認められている権利がある。例えば、車の運転は18歳から許可されている。また、女性は16歳、男性は18歳から結婚できる。ただし、成人していない若者の結婚は親の許可が必要だ。もし両親に結婚を反対されたら、どんなに結婚したくても結婚することはできない。ではほかの国ではどうだろうか。特に飲酒と喫煙年齢について見てみよう。

　　まずアメリカ。飲酒、喫煙は（ア）から許可される。選挙権は18歳で与えられるが、飲酒、喫煙が許されるのは日本よりも少し遅い。健康に注意する人が多いからだろうか。一方、とても早い時期から飲酒、喫煙を許可している国もある。イギリスでは16歳から飲酒が許される。さらに、親が一緒に飲酒する場合は（イ）以下であっても飲酒してもいい。これはとてもユニークな法律だ。また、喫煙についても国によって状況がかなり違う。イタリアでは、特に法律で決められておらず、子供でもタバコを吸うことができるらしい。それぞれの国によって許可される年齢は違うが、「喫煙・飲酒が認められる＝成人」とする国が多いようだ。

問題1　文中の空欄（ア）（イ）に、次の中から適当なものを選んで入れなさい。
　　　（ア）a．18歳　　b．19歳　　c．20歳　　d．21歳
　　　（イ）a．16歳　　b．18歳　　c．20歳　　d．21歳

問題2　次の中から、本文の内容と合っているものを一つ選びなさい。
　　　a．日本では、成人は自由に結婚することができる。
　　　b．日本人は、両親に反対された場合、結婚が認められない。
　　　c．イギリスでは16歳にならないと飲酒することができない。
　　　d．イタリアでは18歳から飲酒できる。

問題3　中国では何歳から飲酒・喫煙が許されていますか。また、車の運転、結婚についても説明しなさい。

第24課　留学試験の面接

履 歴 書	平成 20 年　10 月　1 日現在		写真貼付欄 縦36〜40mm 横24〜30mm 上半身単身にて
ふりがな	たかはし　みほ	※男 (女)	
氏 名	高橋　美穂	印	
生年月日	昭和 60 年　2 月　18 日生　(満 23 才)		
ふりがな	とうきょうと　とうざいく　ほんまち	電話 市外局番(03)	
現住所	〒176-0000 東京都東西区本町1−2−4	1234 − 5678 (　　　　方呼出)	
ふりがな 連絡先 〒	(現住所以外に連絡を希望する場合[携帯電話/e-mail]などを記入) takahashimiho@111.com		

年	月	学歴・職歴　(各別まとめて書く)
		学歴
平成09	04	東京都東西中学校入学
平成12	03	東京都東西中学校卒業
平成12	04	東京都東西高等学校入学
平成15	03	東京都東西高等学校卒業
平成19	03	東西大学卒業
		平成16年（9月）〜平成18年（9月）
		北京大学中国語学科に留学
		職歴
		なし

記入注意　1.鉛筆以外の青または黒の筆記具で記入。　2.数字はアラビア数字で、文字はくずさず正確に書く。
　　　　　3.※印のところは、該当するものを○で囲む。

年	月	免 許・資 格
平成17	10	HSK8級取得

得意な科目・分野

中国に2年間留学していました。中国では通訳や翻訳のアルバイトも経験し、中国語には自信があります。

健康状態

良好。

スポーツ・クラブ・文化活動など

中学　水泳部
高校・大学　演劇部
大学（中国）日本語クラブ

趣味・特技

中国語と演劇。

志望の動機

以前から貴社の製品を愛用しており、以前からもっと多くの人にこの製品の良さを伝えたいと思っていました。今回、貴社が中国に進出すると聞き、是非北京で学んだ中国語を生かして、貴社の製品を中国に広めるお手伝いがしたいと思いました。

本人希望欄(特に給料・職種・勤務時間・勤務地・その他について希望があれば記入)

日本では東京勤務を希望します。海外は中国勤務を希望します。

ResumeMaker.jp

第24課　留学試験の面接

最後に会話文と読解文を読み直して、＿＿＿＿を埋めなさい。

ユニット1　会話　面接試験

田島先生　王さんは、＿＿＿＿＿＿＿＿ですか。

王　　　　わたしは将来、＿＿＿＿＿＿と思っています。えー、そのためにも、ぜひ、今、＿＿＿＿＿＿と思って応募しました。あっ、応募いたしました。

田島　　　そうですか。何か特に＿＿＿＿＿＿ことがありますか。

王　　　　はい。一つは、日本のポップカルチャーなどの文化です。比較文化の授業＿＿＿＿＿＿、日本のポップカルチャーがどのような人々によって作られているのか、＿＿＿＿＿＿。また、同年代の日本の若者が現代という時代を＿＿＿＿＿＿、知りたいと思っています。あの、思っております。

胡先生　　京華大学には交換留学の協定校がいくつかありますが、＿＿＿＿＿＿んですか。

王　　　　そうですねえ。知人に聞いて、いろいろ調べてみたら、＿＿＿＿＿＿。日本人の学生と留学生が意見交換をする授業もあるそうです。そこで中国がどのように紹介され、日本人の学生に＿＿＿＿＿＿か、＿＿＿＿＿＿んです。

胡　　　　ふうん、なるほど。

王　　　　ほかにも、あのう、東西大学では比較文化に興味がある学生のために、特別なディスカッションクラスが開講されている＿＿＿＿＿＿。日本と中国だけでなく、いろいろな国の人と意見を交換すれば、＿＿＿＿＿＿。それで、東西大学＿＿＿＿＿＿。

ユニット2　会話　面接試験のあと

高橋　王さん、きのうの面接、＿＿＿＿＿＿ね。
李　　あまり＿＿＿＿＿＿ですよ。
高橋　そうですか。じゃあ、＿＿＿＿＿＿。
高橋　もしもし、高橋ですが、王さんですか。
王　　あ、高橋さん。
高橋　きのうの面接、＿＿＿＿＿＿…。
王　　ええ、まあ。＿＿＿＿＿＿んですが…。
高橋　それで?
王　　順番が来て、＿＿＿＿＿＿んです。前の日に、隣の部屋の人＿＿＿＿＿＿、よく眠れなかったし…。
高橋　面接のときは＿＿＿＿＿＿よ。

王　　そうですか。でも、いろいろなことを聞かれて、_____んですが、先生がたが_____、自信がありません。

高橋　きっと_____ですよ。

王　　でも、敬語もあまりうまく使えなかったし…。

高橋　敬語は、_____から、そんなに心配しなくても…。

王　　そうですか。

高橋　_____。あさっての相互学習、よろしくね。

王　　こちらこそ。_____。

高橋　じゃあ、またあさって。

ユニット3　読解文　インターネット掲示板：敬語の使われ方について

　最近、新聞などでも、日本の若者は敬語が正しく使えないのではないかということについて_____。敬語の使われ方について、みなさまはどう_____か。みなさまの_____。

東西大学言語情報学部3年　田中ゼミ

- もう15年間新入社員の面接を_____が、きちんと敬語を使って話せない若者は_____と思います。面接の始めと終わりの挨拶の部分では、けっこう正しく敬語が使えても、途中で_____ことがあります。若者のみなさん、_____を暗記するのはやめて、基本的な敬語を_____。会社員(56)

- わたしは先月からファーストフード店で_____。敬語の使い方を間違えて、いつも_____います。きのうも、お客様に「あちらでお待ちしてください」と言ってしまって、あとで_____。もう少し敬語が正しく使えるように_____思います。でも、「敬語、敬語」と_____のはいやです。大切なのは、_____よりも、_____と思います。フリーター(24)

- 日本語の勉強を始めて_____が、日本語の勉強で何が難しいか_____、「敬語」と_____。頭では理解しているのですが、_____。実際に使うときには、尊敬語と謙譲語を逆に言ってしまい、_____ことがあります。もし、日本語に敬語がなかったら、わたしの勉強はかもしれません。でも、敬語は_____です。相手が_____ことばを使い分けることは_____なことだと思います。

東西大学交換留学生　W.X.(21)

Ⅳ. kittyの中国発見

中国の新聞を読む

　こんにちは。Kittyです。みなさんはふだんどんな素材を使って中国語を勉強していますか。わたしは北京に来てから新聞にはまっています。

　北京の街中でよく見かける「郵刊亭」、新聞はここで買うことができます。「郵刊亭」はキヨスクと似た感じのお店で、新聞のほかにも飲み物やテレホンカードなども売っています。さっそく新聞のリサーチに行ってみたところ、新聞の種類の多いこと！なんと40種類近くの新聞が店頭に並んでいました。こんなに種類が多いと、一体どの新聞を買ったらいいのか悩んでしまいます。しかも、新聞は立ち読みするわけにもいかないし……。そこで、思い切ってすべての種類を買ってみることにしました。新聞の値段は1紙あたり5角から1元くらいです。すべての種類を買っても、合計金額は35元！安いですね。

　買って来た新聞を眺めてみると、どうやら2つのタイプに分かれているようです。一つは総合的な新聞。さまざまな分野のニュースがバランスよく載っています。総合的な新聞には、大学生向けの新聞や経済記事の充実したビジネスマン向けの新聞など、それぞれ対象とする読者に特徴があります。もう一つは、ある面に特化した新聞です。たとえば、「健康」「サッカーくじ」「芸能」「法律」「女性」「自動車」「国際関係」「ショッピング」「パソコン」「求人」などを扱った新聞です。とくに「女性」を扱った新聞の名前がインパクト大でした。その名も「現代女報」「愛人週刊」。ちょっと怪しい雰囲気が漂ってきますが、内容はいたって健全です。女性の興味がある話題、例えば女性に関する事件や円満な結婚生活のコツなどについて書かれています。

　中国で新聞をまとめ買い。あらゆる方面の中国語が学べて、中国のリアルタイムの情報が得られます。しかも格安。お勧めです！

第3単元の練習（第22～24課）

1. 写出下列画线部分的汉字的正确读音。

    (1) 友達は私の<u>宝</u>です。
    (2) 花屋を始めるには<u>資金</u>が必要だ。
    (3) 来週から<u>期末</u>試験が始まります。
    (4) 自然をテーマとした作品を<u>掲載</u>している。
    (5) あの人は、<u>日常</u>英会話はぺらぺらです。
    (6) 祖父は<u>精神</u>年齢が若い。
    (7) 車が<u>故障</u>してしまった。
    (8) パソコンはどう<u>動い</u>ているのか。
    (9) 愛がなければ<u>生き</u>ていけない。
    (10) 一次試験が<u>実施</u>された。

(1)	(2)	(3)	(4)	(5)
(6)	(7)	(8)	(9)	(10)

2. 将下列画线部分的假名改写成汉字。

    (1) 1万元はわたしにとって<u>たいきん</u>です。
    (2) 報告書は月曜日までに<u>ていしゅつ</u>してください。
    (3) 仕事より家庭を<u>ゆうせん</u>したい。
    (4) 調査の<u>たいしょう</u>は大学一年生です。
    (5) 寮の<u>けいじばん</u>にスピーチコンテストのポスターが貼ってある。
    (6) 姉は両親に結婚を<u>はんたい</u>されて、悩んでいるようです。
    (7) 勉強の<u>もくてき</u>は何ですか。
    (8) このカードの有効<u>きげん</u>は2年です。
    (9) 大学で習ったことを<u>いかす</u>ことのできる仕事をしたい。
    (10) 毎日6時間<u>ねむれ</u>ば、大丈夫。

(1)	(2)	(3)	(4)	(5)
(6)	(7)	(8)	(9)	(10)

3．从a～d中选择一个正确答案。

(1) 天気予報はなかなか_____。
　　a．呼ばない　　　b．漬けない　　c．見つからない　　d．当らない
(2) 結婚できないのは_____が悪いからです。
　　a．恩　　　　　　b．運　　　　　c．情　　　　　　　d．ラッキー
(3) ご家族のみなさんはお元気ですか。_____勉強会は火曜日になったらしいですよ。
　　a．ところが　　　b．ところで　　c．また　　　　　　d．しかし
(4) このバスはいつも_____いる。
　　a．でかけて　　　b．さがって　　c．すいて　　　　　d．かけて
(5) 難しそうな操作だと思ったが、やってみると_____と簡単だった。
　　a．いがい　　　　b．こうりつ　　c．あんがい　　　　d．ふしぎ
(6) そこから_____じっとしていなさい。
　　a．はたらかずに　b．うごかずに　c．おとさずに　　　d．さぐらずに
(7) できれば_____のある生活を送りたいですね。
　　a．ゆったり　　　b．ゆっくり　　c．ゆとり　　　　　d．ゆたか
(8) あんなつまらないことに_____。
　　a．とりもどしたくない　　　　b．かかわりたくない
　　c．かぶりたくない　　　　　　d．ならしたくない
(9) ちょうど本屋の前を_____ので、辞書を買いました。
　　a．とおりかかった　　　　　　b．とまった
　　c．とおした　　　　　　　　　d．とどけた
(10) 散歩の途中で、偶然雰囲気のいい店を_____。
　　a．みつめた　　　　　　　　　b．みがいた
　　c．みつかった　　　　　　　　d．みつけた

4．选择与画线句子意思最相近的句子。

(1) 隣の学生たちに騒がれて、よく眠れなかった。
　　a．私が騒いだから、学生たちが困っていた。
　　b．私が騒いだから、学生たちはよく休めなかった。
　　c．学生たちが騒いだから、迷惑でした。

d．学生たちが騒いだが、私も楽しかった。
(2) どんなに働いても、疲れない。
  a．あまり働いていませんから、疲れない。
  b．あまり働いていないが、疲れた。
  c．たくさん働いたが、疲れない。
  d．たくさん働いたから、疲れた。
(3) 経済的なゆとりより精神的なゆとりを大切にしたい。
  a．精神的なゆとりは経済的なゆとりより大切だ。
  b．精神的なゆとりは経済的なゆとりほど大切ではない。
  c．精神的なゆとりと経済的なゆとりは両方ともどうでもいい。
  d．精神的なゆとりも経済的なゆとりも両方とも大切だ。
(4) 寮生活は案外不便でした。
  a．寮生活は不便だと分かっていました。
  b．寮生活は不便だろうとは思ってもいませんでした。
  c．寮生活は不便だとみんなに言われていました。
  d．寮生活は不便だと言う人はいませんでした。
(5) 彼とはパーティーに出たのがきっかけで、友達になった。
  a．彼とパーティーを開いた。
  b．彼といっしょにパーティーに行った。
  c．彼とパーティーで初めて会いました。
  d．彼と初めて会ったのはパーティーの前でした。

5．从a～d中选择一个例词使用错误的句子。
(1) 関心
  a．弟は生物学に強い関心を持っている。
  b．両親は私の健康を関心してくれます。
  c．こんどの選挙はみんなの関心を引いている。
  d．子供の教育に関心をはらう。
(2) 学ぶ
  a．インドの先生にヨガを学んだ。
  b．留学生活を通して、いろいろなことを学んだ。
  c．学校で学んだことを仕事の中で役立てる。
  d．学校で勉強したことを、家に帰ってからもう一回学んだから、合格した。

(3) 広げる
  a．学生の中では不安が広げている。
  b．父は机に資料を広げたまま出て行った。
  c．祖父は新聞を広げて読んでいる。
  d．みんな桜の木の下で、弁当を広げて食べ始めた。
(4) 好む
  a．母は地味な色を好まない。
  b．戦争より平和を好む人は多い。
  c．母は娘の結婚をたいへん好んだ。
  d．あぶらっこい食べ物を好む人は高血圧になりやすい。
(5) けっこう
  a．交流会はけっこう楽しかった。
  b．運動でけっこうな肉を落とした。
  c．飲み物はもうけっこうです。
  d．鈴木さんは中国に来たばかりですが、中国語はけっこう話せます。

6．从a～d中选择一个正确答案。

(1) ほしいものは何_____手に入る時代になった。
   a．を   b．も   c．では   d．でも
(2) おいしい_____どうかは、食べてみたらわかる。
   a．を   b．が   c．に   d．か
(3) 日本で勉強したこと_____仕事に生かしています。
   a．に   b．で   c．が   d．を
(4) 王さんが帰ってくる_____ここで待ちましょう。
   a．だけ   b．まで   c．でも   d．より
(5) 親は子どもの教育_____大きな関心を持っている。
   a．に   b．で   c．が   d．を
(6) 私は北京で大学時代_____過ごしました。
   a．で   b．が   c．に   d．を
(7) レストランのドアに「準備中」_____書いてあった。
   a．と   b．が   c．に   d．を
(8) 親なら誰_____自分の子供が一番かわいい。
   a．が   b．か   c．とも   d．でも

(9) 西洋がどのように日本人_____受け止められてきたかを調べてみたい。
    a．に   b．で   c．が   d．を
(10) いろいろなこと_____聞かれて、何と答えたらいいか分からなかった。
    a．が   b．に   c．と   d．を
(11) 日本語を学ぶ中国人学生の_____が、日本に熱いまなざしを注いでいる。
    a．多い   b．多く   c．多くて   d．多かった
(12) タクシーで行っても_____そうにないですね。
    a．間に合う   b．間に合い
    c．間に合える   d．間に合え
(13) 日本語の会話が理解できる_____、毎日ＣＤを聞いている。
    a．そうに   b．ほしく   c．ならば   d．ように
(14) 彼女はゆっくりと自分の考えを_____始めた。
    a．話す   b．話し   c．話して   d．話した
(15) この話はまだ誰にも_____。
    a．話します   b．話しています
    c．話しました   d．話していません
(16) このスカートはサイズが合うかどうか着て_____。
    a．います   b．おきます c．みます   d．あります
(17) A：彼が謝れば許してあげますか。
    B：いいえ、_____、もう遅いです。
    a．謝れば   b．謝って   c．謝ると   d．謝っても
(18) その話は、どうもほんとう_____。
    a．そうだ   b．ようだ   c．らしい   d．にくい
(19) 具合が悪くなった_____、午後の会議には出られない
    a．きっかけ b．もとに   c．ために   d．ように
(20) 中国の伝統文化に_____知識を深めなければならない。
    a．ついてが b．ついてに c．ついての d．ついてで

7．改错。

(1) その料理、おいしいですね。食べてみたいです。

(2) 母に手紙を書きながら、涙を出します。

(3) 今夜友達が来るので、ビールを買ってありましょう。

(4) 来週、パーティーを開くことになりたい。

8．把下列句子译成日语。

(1) 我们马上根据调查结果撰写调查报告。

(2) 离别真是痛苦啊。

(3) 他说晚上一般都在家，可是我去了，他不在。

(4) 为了通过日语能力考试，我每天只睡4个小时。

(5) 我自己找了一个软件开发的小公司，决定在那里工作。

(6) 日本的著名乐队和歌手将在北京举办演唱会。

(7) 老刘很忙，有时甚至忘了吃饭。

(8) 会议的资料已经复印好了。

(9) 过年的时候吃杂煮等美味佳肴。

(10) 为了让后边的人能够听得见而大声讲话，所以嗓子很痛。

语法小结

句型	意思	例句
Vてみる	尝试性的动作	李さんに聞いてみます。
Vておく	动作结果的存续	会議の前に教室を掃除しておきます。
Vてある	客体存续的状态	ビールは冷蔵庫に入れてあります。
〜たら	假定条件	時間があったら行きます。

续表

句型	意思	例句
～そうだ	间接引语	今年の夏は暑いそうです。
～らしい	传闻、推测	電気が消えているから、王さんはもう寝たらしい。
～ために	目的	日本に留学するために日本語を勉強しています。
～ために	原因	台風のために学校が休みになりました。
Vるように	目的	風邪を引かないように、コートを着ました。
Vることになる	规定、结果	今度イタリアに留学することになりました。
Vることにする	决定、行为	来年留学することにしました。
N₁（人）が／はN₂（人）にV（ら）れる		子供が母親に叱られた。
N₁（物・こと）が／は（N₂（人）に）V（ら）れる		この本は多くの若者に読まれている。
N₁（物・こと）が／はN₂（人）によってV（ら）れる		この製品はイギリス人のデザイナーによって作られた。
N₁（所有者）が／はN₂にN₃（所有物）をV（ら）れる		わたしは弟にパソコンを壊されました。
N₁（人）が／はN₂に（N₃を）V（ら）れる		昨夜、私は子供に泣かれて眠れなかった。
N₁（人）が／は（N₂（人）に／から）N₃をV（ら）れる		私は留学を両親に反対されて困っています。
～と考えられる／思われる	自动	来年、わが国の経済は回復すると思われます。
（どんなに／いくら）～ても	转折性的条件	約束がありますから、どんなに雨が降っても行きます。
どんなに～でしょう	感叹	両親がこの写真を見たら、どんなに喜ぶでしょう。
って	引用	友達は、お兄さんは運がよかったって言ってました。
～なんて	主题	4時に起きるなんて、早すぎる。
Vてよかった	积极评价	日曜日の夜、予習しておいてよかった。
Vばよかった	后悔、遗憾	かさを持ってくればよかった。
～こと	体言化	毎日努力することがいちばん大事だ。
Nを対象に（して）	对象	大学生を対象に英語を教える。
Nを中心に（して）	中心	日本と中国を中心に、アジアについての情報を紹介します。
Nをもとに（して）	题材、话题	聞いた話をもとにして小説を書きました。
Nをはじめ	代表性事物	お母様をはじめ、ご家族の皆様にどうぞよろしく。
Nをきっかけに（して）	契机	姉は結婚をきっかけに、仕事を辞めた。

第25課　ゴールデン・ウィーク

単語帳

キャンセル　ハイキング　コーラ　アニメ　コンクール　レシート　タイム
Uターン　メリット　デメリット
一時　代理店　航空券　雰囲気　木綿　両方　物価　温泉　煙　領収書　小計
消費税　預かり　お釣り　値引き　現金　毎度　和菓子　上記　状況　戦線　特徴
割合　観点　出身　首都圏　-圏　地方　田舎　都会　暮らし　前者　後者　思い
質　量　編集部　満員　自然　空気　こだわり　やりがい　ころ
代理　受験　上京　発売　営業　領収　就職　希望　貢献　入手　活性化　編集
拭く　暮らす　言い直す　取る　取れる　占める　言い合う　伝える
まじめ　新鮮　正に　やっと　ばかり　のんびり　かえって　ゆったり　いわゆる
おめでとうございます　いってらっしゃい
-生　-課　-割　-始める　両-　-にくい　-とも　-がい
山岡

文法リスト

Vながら＜同时＞
Vたばかりだ
〜ようだ＜推測＞
〜ば〜ほど
Vやすい／にくい＜难易＞
N（数量词）とも
〜のではないだろうか
Vるところだ／Vているところだ／Vたところだ／Vていたところだ

Ⅰ．文字・词汇・语法

1．写出下列画线部分汉字的正确读音。

(1) 大学のホームページから授業の情報が入手できる。
(2) ＩＴを活用した中小企業の活性化が進んでいる。
(3) 自由市場で新鮮な野菜や果物をＧＥＴした。
(4) 地方から東京に来て働いている若者は、年々増えているようだ。
(5) 母と二人で暮らしています。
(6) 国際文化交流に貢献したい。
(7) ご意見、ご希望をお聞かせください。
(8) 卒業したら就職しないで大学院に進学したい。
(9) それでは最新バージョンの特徴を紹介します。
(10) 木村さんの出身校はどこですか。

(1)	(2)	(3)	(4)	(5)
(6)	(7)	(8)	(9)	(10)

2．将下列画线部分假名改写成汉字。

(1) 将来、とかいで暮らしてみたい。
(2) 農民の人口に占めるわりあいは年々減っている。
(3) 学校新聞のへんしゅうを手伝っています。
(4) このホテルでこうくうけんの予約はできますか。
(5) そのＣＤは28日にはつばいされる予定です。
(6) 毎日まんいん電車で会社に通っている。
(7) じゅけん勉強で忙しい。
(8) 町は暖かいふんいきに包まれている。
(9) 料理教室に行って、わがしの作り方を習いたい。
(10) 新商品の販売はいちじ中止することになりました。

(1)	(2)	(3)	(4)	(5)
(6)	(7)	(8)	(9)	(10)

3．从a～d中选择一个正确答案。

(1) インターネットの＿＿＿は、最新の情報を手に入れることができることです。
　　a．メリット　b．デメリット　　c．キャンセル　　d．コンクール

(2) あとで＿＿＿からお電話します。
　　a．これ　　　b．それ　　　　　c．こちら　　　　d．そちら

(3) 今年は英語圏への留学を＿＿＿する学生が多いようだ。
　　a．希望　　　b．募集　　　　　c．願望　　　　　d．展望

(4) 日曜日は仕事を忘れて、＿＿＿と過ごしたい。
　　a．うっかり　b．のんびり　　　c．けっこう　　　d．まっすぐ

(5) 親のほうが＿＿＿子供に教えられるということは、珍しくない。
　　a．かえって　b．あんまり　　　c．思いきって　　d．うっかり

(6) 春の一日、遠い海を眺めながら＿＿＿した時を過ごした。
　　a．ぐったり　b．ゆったり　　　c．さっぱり　　　d．あっさり

(7) 一時はどうなることかと心配したが、＿＿＿円満に解決した。
　　a．そっと　　b．きっと　　　　c．ずっと　　　　d．やっと

(8) 今ふるさとが＿＿＿、一日も早く帰りたい。
　　a．ただしく　b．なつかしく　　c．よろしく　　　d．はげしく

(9) わたしは明るい色より＿＿＿色のほうが好きです。
　　a．おくれた　b．おちついた　　c．おしんだ　　　d．かたづけた

(10) 海の見える部屋を＿＿＿ことができました。
　　a．くる　　　b．しめる　　　　c．とる　　　　　d．約束する

4．从a～d中选择一个正确答案。

(1) 勉強すればする＿＿＿知らないことが多くなるような気がする。
　　a．ごろ　　　b．ほど　　　　　c．まで　　　　　d．くらい

(2) 傷は、思ったより浅く、骨は大丈夫な＿＿＿。
　　a．らしい　　b．ようだ　　　　c．だろう　　　　d．でしょう

(3) 音楽を＿＿＿ながら、勉強している。
　　a．聴く　　　b．聴き　　　　　c．聴いて　　　　d．聴いた

(4) 今、＿＿＿ばかりで、まだ調査は何もしていません。
　　a．着く　　　b．着き　　　　　c．着いて　　　　d．着いた

(5) これから家を＿＿＿ところですから、30分ほどしたら着くと思います。
　　a．出る　　　b．出て　　　　　c．出ている　　　d．出た

(6) きのうタバコを吸っている_____を父に見つかってしまった。

　　　a．もの　　　b．こと　　　　　c．ところ　　　　　d．わけ

(7) あっ、そうだ。李さんからの伝言を、うっかり_____ところでした。

　　　a．忘れる　　b．忘れて　　　　c．忘れている　　　d．忘れた

(8) 娘は3人_____、歌手の木村の大ファンだ。

　　　a．とも　　　b．ぐらい　　　　c．では　　　　　　d．でも

(9) 覚え_____暗証番号だとなかなか覚えられません。

　　　a．やすい　　b．にくい　　　　c．はじめる　　　　d．おわる

(10) 駅で押されて、階段から_____そうになった。

　　　a．落ちる　　b．落ち　　　　　c．落ちて　　　　　d．落ちた

5．选择与画线句子意思最相近的句子。

(1) 家に帰ると、妻は買い物に出かけるところだった。

　　　a．家に帰ると、妻は買い物に出かけました。

　　　b．家に帰ると、妻は買い物に出かけて来ました。

　　　c．家に帰ると、妻は買い物に出かけたばかりでした。

　　　d．家に帰ると、妻は買い物に出かけてはいませんでした。

(2) 駅から遠くなればなるほど家賃が安くなる。

　　　a．駅から遠いほうの家は近いほうより家賃が安い。

　　　b．駅から遠いほうの家は近いほうより家賃が高い。

　　　c．駅から近いほうの家は遠いほうの家より家賃がやすい。

　　　d．駅から遠いほうも近いほうも家賃は同じだ。

(3) 新曲の発売を楽しみにしててね。

　　　a．新曲の発売を楽しみにしています。

　　　b．新曲の発売を楽しみにしていました。

　　　c．新曲の発売を楽しみにしてください。

　　　d．新曲の発売を楽しみにしないでください。

(4) 親の生活習慣は子どもに影響を与えます。

　　　a．子どもの生活習慣は親に影響されます。

　　　b．子どもの生活習慣は親に影響されません。

　　　c．親の生活習慣は子どもに影響されます。

　　　d．親の生活習慣は子どもに影響されません。

(5) 両親には素直な気持ちで話しにくい。

　　　a．両親に素直な気持ちで話しています。

b．両親に素直な気持ちで話すことはできます。

c．両親に素直な気持ちで話すのは難しい。

d．両親に素直な気持ちで話すことはぜんぜんできません。

6．正确排列a～d的顺序，并选择最适合填入__★__的部分。

(1) 今、遠足の日を_____ _____ __★__ _____だ。
　　a．ところ　　　b．決めて　　　c．連絡した　　d．みんなに

(2) 眠りたいと_____ __★__ _____、_____眠れなくなる。
　　a．ほど　　　　b．かえって　　c．思う　　　　d．思えば

(3) 去年、_____ _____ __★__ _____はあまり日本語がわからなかった。
　　a．ころ　　　　b．ばかりの　　c．日本に　　　d．来た

(4) フルタイムの仕事がない人、__★__ _____ _____ _____。
　　a．増えて　　　b．フリーターが c．いる　　　　d．いわゆる

(5) _____、_____ __★__ _____、これから直接工場に向かう予定です。
　　a．着いた　　　b．空港に　　　c．ところで　　d．今

7．把下列句子译成日语。

(1) 过生日时爸爸送我的钢笔非常好用。

(2) 越往北樱花开花的时间越晚。

(3) 感谢信应该尽早发出。

(4) 棒球比赛正好刚刚结束。

(5) A：木村，我先走了。
　　B：我也正好要回去，一起走吧。

(6) 很早以前借给朋友的书，终于还回来了。

(7) 昨天晚上我好像喝多了。根本不记得是怎么回家的。

(8) 随着互联网的普及，即使生活在地方也能够同在首都一样得到同样质量的信息，不会落后于时代。

(9) 计算机使大量的文件处理成为了可能。

(10) 刚刚来到首都的1年级同学好像会觉得城市的生活很新鲜，但逐渐习惯之后反而会留恋轻松的生活，而开始考虑回家乡就业。

Ⅱ．听力

1．听录音，选择正确答案。

(1) _____ (2) _____ (3) _____ (4) _____ (5) _____

2．听录音，选择正确答案。

(1) _____ (2) _____

(1)

a　　　　b

(2)

a　　　　b

3．听录音，益处用M，害处用D，非益非害用U表示。

(1) インターネットを使う。　　　　　　　　　　　　　　（　）
(2) 家にいながら買い物ができる。　　　　　　　　　　　（　）
(3) たくさんの情報を手に入れやすくなった。　　　　　　（　）
(4) 個人情報が悪いことに使われるかもしれない。　　　　（　）
(5) 個人情報を十分に管理する。　　　　　　　　　　　　（　）

Ⅲ. 阅读

阅读下列对话，并根据其内容回答问题。

A：もしもし、東西会社ですか。わたしはAと申します。今日の午後3時に社長とお会いする約束をしています。これから歩いてそちらにうかがいたいのですが、道順を教えていただけませんか。

B：はい、わかりました。今はどこにいらっしゃいますか。

A：東西駅です。今、地下鉄を降りたところです。

B：では、まず3番の出口から出てください。3番出口の階段を上がったら、右に曲がってください。50mほど歩くと信号が見えます。その信号を渡らないで、また右に曲がります。少し歩くと、右側に東西ビルがあります。東西ビルはこのあたりで一番高いビルなので、見つけやすいと思います。わたしたちの会社は東西ビルの4階にあります。

A：ありがとうございます。あと15分ほどで着くと思います。

B：着いたら、まず事務室に来てください。わたしはBと申します。

A：はい、分かりました。

問題　（1）どの地図が正しいですか。

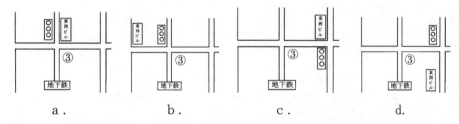

　　　　a.　　　　　b.　　　　　c.　　　　　d.

（2）次のa～dから、正しいものを1つ選びなさい。

　　a．AさんはBさんに会うために東西会社に行きます。
　　b．Aさんは家から歩いて東西会社に行きます。
　　c．Aさんは東西会社の社長に会いに行きます。
　　d．Aさんは社長と会ってから、Bさんのところに行きます。

最後に会話文と読解文を読み直して、_____を埋めなさい。

ユニット1　会話　高橋さんの一時帰国

陳先生　あ、高橋さん。
高橋　　あ、陳先生、_____。
陳　　　授業ですか。
高橋　　いいえ、代理店へ。航空券を_____なんです。
陳　　　旅行ですか。
高橋　　いいえ、姉が結婚するので、_____。
陳　　　そうですか。それは_____。
高橋　　_____。でも、本当は、_____から、こちらにいて勉強したかったんですけれど…。
陳　　　でも、お姉さんの結婚式なら_____…。
高橋　　はい。
陳　　　ちょうどゴールデン・ウィークですね。航空券は_____?
高橋　　ええ、わたしも、1か月前に_____、きのうやっと_____んです。
陳　　　毎年この時期、チケットの予約は_____んですよ。
高橋　　そうですね。
陳　　　戻ってきたら、_____。
高橋　　はい。
陳　　　じゃ、_____。
高橋　　ありがとうございます。
陳　　　かぐや姫さん、日本に帰っても必ず戻って来てね。
高橋　　はい、もちろん。

ユニット2　会話　日本のゴールデン・ウィーク

王　　　高橋さん、_____。お姉さんの結婚式は_____。
高橋　　いい結婚式でした。
王　　　そうですか。_____。どこでしたんですか。
高橋　　ホテルです。でも、ちょうどゴールデン・ウィークで、結婚式が多くて、_____でした。
王　　　そうですか。お姉さん、きれいでしたか。
高橋　　ええ、とっても。姉は_____けど、父も母も、ときどき涙を拭きながら、_____。

第25課　ゴールデン・ウィーク　127

王　　きっとお二人とも_____んでしょうね。
高橋　ええ。だから、結婚式のあと、わたしが帰って来たらにぎやかになってよかったと_____。北京での生活を話したら、_____でした。
王　　そうですか。
高橋　王さんの話もしたんですよ。父と母が_____言ってました。
王　　ありがとうございます。ご両親が北京に_____のはもう半年も前ですね。
高橋　ええ、あのころは、わたしは北京に_____、中国語もあまりわからなくて…。
王　　ああ、そうでしたね。_____、わたしの話って、どんな話ですか。
高橋　え？

ユニット3　読解　「Uターン就職：学生課に聞きました」：

東西大学新聞

　そろそろ4年生の_____の時期だ。学生課の山岡さんに今年の4年生の_____について聞いた。

— 今年の4年生の就職活動はどうですか —
山岡：いろいろな会社の説明会が_____です。今年の4年生は約7割が_____いて、現在会社訪問をしたり就職戦線の_____しているところです。
— どんな仕事に_____か —
山岡：この数年は、仕事の種類ではなく地域に_____があるようです。以前は、首都圏での就職を希望する_____の学生が多かったんですが、今は、自分の出身地域での就職、_____Uターン就職を_____学生が_____。
— Uターン就職を希望する理由はどんなことですか —
山岡：大きく2種類あるようです。一つは、出身地へ帰りたいという_____、もう一つは、いわゆる地方暮らしの_____でしょう。前者の例は、「出身地が好きだ」「出身地に_____」「親がいる」など、出身地への_____な_____です。後者の例は、「_____」「_____暮らせそうだ」「都会がいやだ」などです。上京したばかりの1年生には都会の生活は_____ようですが、_____、かえって_____生活を_____思い、出身地へのUターンを考え始めるのかもしれません。

最近は、インターネットの_____により、地方に住んでいても首都圏と同じ_____、時代に_____ことはない。Ｕターン就職は出身地域の_____に貢献するのではないだろうか。

　４年生のみなさん、_____、がんばってください。

（東西大学新聞編集部）

第26課　ボランティア

単語帳

バザー　ショッピング　ジョッキ　システム　ノウハウ　コメント
記事　初め　日誌　古紙　定年　使役　本人　部長　課長　初心者　運転手
耳鼻科　片付け　本部　自宅　お迎え　助け合い　一人一人　支払い　付き添い
つながり　立場
受付　支援　運営　実感　回収　合格　分担　負担　終了　存在　帰宅　退職　発見
付き添う　働かす　やらす　聞こえる
熱心　身近　積極的　無理　不満　緊急　かわいそう　すべて　そういう　気がする
なんとかなる
-次第　-杯　-日　-君
高崎

文法リスト

使动态与使动句
〜ような気(感じ)がする
N次第だ＜決定性的事物＞
使动被动态与使动被动句
くらい＜限定＞
〜というより＜選択更加准确的表达方式＞

I. 文字·词汇·语法

1. 写出下列画线部分汉字的正确读音。

(1) 研究発表が終わって、まだまだ努力が必要だと実感した。
(2) 父は、定年後も働きたいと言っている。
(3) 費用を3人で分担することになっています。
(4) 玄関を入って右側に受付があります。
(5) 初心者向けの参考書がたくさん並べてあります。
(6) 高崎先生のご自宅がうちと同じ町にあるなんて、驚きました。
(7) 本人から直接事情を聞いてください。
(8) 姉は耳鼻科の医師だ。
(9) ご支援のほど、お願いいたします。
(10) 私たちは身近な暮らしの問題について討論しました。

(1)	(2)	(3)	(4)	(5)
(6)	(7)	(8)	(9)	(10)

2. 将下列画线部分的假名改写成汉字。

(1) 中日友好協会は10人の委員によりうんえいされている。
(2) 私たちは、トレーやペットボトルなどのかいしゅうに協力するべきだ。
(3) 同じ中国人や日本人であっても、さまざまな個性がそんざいする。
(4) 父親が子供の入学式につきそった。
(5) 新しい星をはっけんした科学者の名前を、その星につけたそうです。
(6) 皆で協力して彼の仕事のふたんを軽くしよう。
(7) 頭をはたらかせれば、それくらいの事はすぐ分かるはずだ。
(8) スピーチ大会は全日程を無事しゅうりょうした。
(9) これは新聞のきじになるだろう。
(10) 現状にふまんを抱く。

(1)	(2)	(3)	(4)	(5)
(6)	(7)	(8)	(9)	(10)

3．从a～d中选择一个正确答案。

(1) 木村さんは受賞作について_____しました。
　　a．セメント　　　　b．コメント　　c．ヒント　　　　d．システム
(2) 日本の企業に就職し、ゲーム制作の_____を基本から学ぼうと思います。
　　a．ノウハウ　　　　b．シスター　　c．テキスト　　　d．アイディア
(3) 彼のスピーチは学生に大きな_____を与えた。
　　a．感じ　　　　　　b．感想　　　　c．感動　　　　　d．感心
(4) その仕事は彼には_____だろう。
　　a．無理　　　　　　b．無地　　　　c．無事　　　　　d．無用
(5) よく考えなくちゃ_____だよ。
　　a．むだ　　　　　　b．不満　　　　c．熱心　　　　　d．緊急
(6) ニュートンは万有引力の法則を_____した。
　　a．発想　　　　　　b．発言　　　　c．発見　　　　　d．発起
(7) 地図で見て近いと思ったが、歩いてみたら_____遠かった。
　　a．けっこう　　　　b．やっとん　　c．そんなに　　　d．たくさん
(8) _____して有名になりたいというのが、当時の私の夢でした。
　　a．なんとか　　　　b．なんと　　　c．なんだか　　　d．なんとも
(9) 今度の試験には合格できるような_____。
　　a．気がする　　　　b．気にする　　c．気をもつ　　　d．気がある
(10) 引っ越しました。近くに来られたときは_____寄ってください。
　　a．よく　　　　　　b．ぜひ　　　　c．わりあい　　　d．もうすぐ

4．从a～d中选择一个正确答案。

(1) けんかして、妹を_____しまった。
　　a．泣かれて　　　　b．泣かせて　　c．泣かされて　　d．泣いて
(2) 優勝できるかどうかは君の_____次第だ。
　　a．腕　　　　　　　b．腕の　　　　c．腕な　　　　　d．腕が
(3) A：あのう、おなかが痛いので少し早めに_____ください。
　　B：あ、そうですか。いいですよ。お大事に。
　　a．帰られて　　　　b．帰って　　　c．帰らせられて　d．帰らせて
(4) A：母の誕生日プレゼントは何がいいと思う？
　　B：_____手作りのケーキなど、私たちが作ったものがいいんじゃない。
　　a．たとえば　　　　b．というより　c．それでも　　　d．それから

(5) 私が病気の時、友達の王さんが料理を作って_____。
    a．もらった   b．あげた   c．くれた   d．いただいた

(6) 昨日泥棒に財布を_____。
    a．とりました   b．とられました
    c．とらせました   d．とっていただきました

(7) 先生に車で家まで_____。
    a．送りました   b．送られました
    c．送らせました   d．送っていただきました

(8) 中学校の時、母に何度も手紙を_____。
    a．読みました   b．読めました
    c．読ませました   d．読まれました

(9) 前を歩いている人が落とした携帯を拾って_____、感謝された。
    a．あげたら   b．みたら   c．おいたら   d．しまったら

(10) わたしはスミスさんの新しい車に_____もらった。
    a．のって   b．のせて   c．のられて   d．のせられて

5. 在下列（　）里填入适当的助词。每个（　）填一个假名。

(1) どこ（　）人のいないところ（　）写真を撮りましょう。
(2) わたしはその事件（　）何の関係もない。
(3) お茶（　）（　）飲みながら、ゆっくり話しましょう。
(4) 本で読む（　）（　）実際に見たほう（　）よく分かる。
(5) 電話をかける（　）（　）（　）の時間はあったはずだ。
(6) 子ども（　）近くのスーパー（　）買物（　）行かせます。
(7) 部長は山下さん（　）オーストラリア（　）出張させました。
(8) 友達が遅れてきた（　）（　）、私は1時間（　）待たされた。
(9) 入賞作品には家族（　）（　）つながりを実感させるものが多かった。
(10) 外資系企業なので、実力主義ではない（　）と思ったが、そうではなかった。
(11) シェアハウスは家賃を何人（　）（　）分担するので、経済的には楽になる。
(12) 初心者（　）（　）参加できるようになった。

6. 选出与例句画线部分用法相同的一个句子。

(1) 例：この問題はやさしいから、1年生<u>でも</u>簡単にできる。
    ① 先輩に<u>でも</u>相談してみたらどうでしょうか。

② どんなに好きなものでも、毎日食べていればいやになる。
③ そんなことは小さな子供でも分かる。
④ あの人に何度も手紙を出したわ。でも、一度も返事をくれなかったの。
(2) 例：洗濯くらい自分でできる。
① ここから天安門までどのくらいありますか。
② この仕事をやめるのなら、電話の1本くらいくれてもいいでしょう。
③ 泣きたくなるくらい家が恋しい。
④ 電車に乗るくらいなら歩こう。
(3) 例：誰かが呼んでいるような気がする。
① どこかで聞いたような感じがする。
② 花子さんが着ているようなワンピースがほしい。
③ 彼の言ったような方法でやりなさい。
④ 今日はまるで夏のような暑さです。
(4) 例：今朝は断水で水が出なかった。で、私は食事もしないで会社へ行った。
① 今日は日曜日で、休みだ。
② 電話か手紙で知らせてください。
③ 富士山は日本でいちばん高い山です。
④ 今日の日本語は休講だったそうだね。で、その時間何をしていた？

7. 仿照例句改写句子。

例：○学生が答える。→〔先生〕先生が学生に答えさせる。
　　○先生が日本語を教える。→〔学生〕学生は先生に日本語を教えていただく（もらう）。

(1) 子供たちが魚を食べる。〔母親〕

(2) 田中さんが新しい車を見せる。〔小林さん〕

(3) テキストを忘れた学生は立つ。〔先生〕

(4) 社員は毎日朝から晩まで働く。〔社長〕

(5) 高橋さんが東京を案内する。〔ジェーンさん〕

(6) 山本さんが薬を飲む。〔医者〕

8. 改写句子使其与原句意思大致相同。

(1) 林さんが面白い話をしたので、みどりさんが笑いました。
   林さんは面白い話をして、＿＿＿＿＿＿＿＿＿＿＿＿＿＿＿＿＿＿＿＿＿＿。
(2) シンデレラは毎日お母さんに洗濯をさせられました。
   お母さんは＿＿＿＿＿＿＿＿＿＿＿＿＿＿＿＿＿＿＿＿＿＿＿＿＿＿＿。
(3) テレビを見たいのに、兄は私に料理を作らせます。
   テレビを見たいのに、私は＿＿＿＿＿＿＿＿＿＿＿＿＿＿＿＿＿＿＿。
(4) 妹は私のデジカメを壊してしまいました。
   私は＿＿＿＿＿＿＿＿＿＿＿＿＿＿＿＿＿＿＿＿＿＿＿＿＿＿＿＿＿。
(5) 祖父のうちへ行くと、いつもお酒を飲まされます。
   祖父のうちへ行くと、祖父は＿＿＿＿＿＿＿＿＿＿＿＿＿＿＿＿。

9. 正确排列a～d的顺序，并选择最适合填入 ★ 的部分。

(1) 私は＿＿＿＿ ＿＿＿＿ ★ ＿＿＿＿気持ちが悪くなった。
   a．納豆を　　b．たくさん　　c．きらいな　　d．食べさせられて
(2) 危ないですから、＿＿＿＿ ★ ＿＿＿＿ ＿＿＿＿ください。
   a．を　　　　b．ここで　　　c．子供　　　　d．遊ばせないで
(3) けがをして、医者からしばらく＿＿＿＿ ＿＿＿＿ ★ ＿＿＿＿ ＿＿＿＿。
   a．休む　　　b．学校を　　　c．言われた　　d．ようにと
(4) 希望の大学に＿＿＿＿ ＿＿＿＿、今度の試験の＿＿＿＿ ★ です。
   a．次第　　　b．成績　　　　c．入れるか　　d．どうかは
(5) みんな子どもではないのだから、部屋の＿＿＿＿ ★ ＿＿＿＿ ＿＿＿＿だ。
   a．できる　　b．くらいは　　c．はず　　　　d．片付け
(6) いつの時代でも、ペットは＿＿＿＿ ＿＿＿＿ ★ ＿＿＿＿である。
   a．身近な　　b．人間　　　　c．にとって　　d．存在
(7) 過去の災害の＿＿＿＿ ＿＿＿＿ ★ ＿＿＿＿と指摘されている。
   a．じゅうぶんに　　　　b．ノウハウが
   c．生かされて　　　　　d．いない
(8) ＿＿＿＿ ＿＿＿＿ ★ ＿＿＿＿ない。
   a．聞かされるほど　　　b．聞きたくないことを
   c．ことは　　　　　　　d．退屈な

(9) 今回の活動は、学生_____ ★ _____ _____と思います。
　　a．なった　　　b．にとって　　c．経験に　　d．いい

10. 将下列句子译成日语。

（1）老板让职员自由决定工作时间。

（2）星期天我本来打算和朋友一起出去玩，可是妈妈非让我帮她做家务。

（3）我从星期一一直工作到星期六，至少星期天让我多睡会儿吧。

（4）我总觉得要发生什么不好的事情，咱们还是别去了。

（5）成绩好不好全靠平时的努力，现在再学也来不及了。

11. 以下是一个到医院帮助住院的孩子的志愿者提交的活动报告，请你读这篇报告后，写下你的感想。

実施日	2006年5月10日
内　容	病院へK君の応援
ボランティア氏名	佐藤淳子

　病室に着いた時、K君は同室の男の子たち5人とUNOをやっていました。私も自己紹介をしてあだ名をつけてもらい、仲間に入れてもらって、しばらくUNO大会をしました。
　そのうちUNOからカード手品に展開。色々なカード手品を知っている男の子がいて、私も含めてみんな「へぇー」と感心しきりでした。K君も一つマスターし、「今度お母さんに見せよう」と喜んでいましたよ。
　おやつの後は早口大会とボードゲーム。大騒ぎしすぎて少し疲れてしまったかな、と思いました。
　K君に会うのは今日が初めてでしたが、感心することがいくつかありました。
　一つ目は、自分の身の回りのことがしっかりできること。ゲームの後、こちらからは何も言わないのに片付けを始めたり、おやつの食器も自分で下げに行ったりしていました。
　二つ目は、周りにとても気くばりができること。同室の男の子達に上手に意見を合わせたり、私の帰りの時間まで心配してくれたりして、とても驚きました。
　そんなに気を使い続けて疲れないかなと思いながら、しっかりしていてやさしいK君、とってもいい子だなぁと思いました。

http://www.kids-energy.org/volunteer/report/index.html

感想：

Ⅱ. 听力

1. 听录音，选择正确答案。

   (1) _____ (2) _____ (3) _____ (4) _____ (5) _____

2. 听录音，选择正确答案。

   例：働いた人　　　　　　　（　店長　　・　わたし　）
   (1) 笑った人　　　　　　　（　彼　　　・　みんな　）
   (2) 携帯電話を持っている人　（　お母さん・　こども　）
   (3) 宿題を手伝った人　　　　（　姉　　　・　弟　　　）
   (4) 電話をする人　　　　　　（　父　　　・　母　　　）

3. 听录音，从1～3选项中选择最佳应答。

   (1) _____ (2) _____ (3) _____ (4) _____

Ⅲ. 阅读

阅读下列文章，并根据其内容回答问题。

大変な一日

　　先週の日曜日に友達とカラオケに行きました。わたしは、ふだんはあまり歌わないのですが、この日は、（ア）、のどが痛くなってしまいました。カラオケの後はみんなでお酒を飲みました。日曜日は、ちょうどわたしの誕生日だったので、友達にたくさん飲まされました。家に帰ったら12時だったので、すぐに寝ました。でも、寝るのが遅かったので、月曜日の朝は起きられませんでした。大学の授業が8時半から始まるのに、この日は起きたらもう9時でした。急いで大学に行きましたが、着いたときには10時になっていて、授業が終わるところでした。わたしは後ろのドアから教室に入りましたが、

（イ）。それで、授業の後30分も怒られました。それに、前の日にお酒を飲みすぎたので、その日は午後もずっと頭が痛かったです。日曜日はとても楽しい一日だったけれど、月曜日は大変な一日でした。

問題

(1) 空欄（ア）（イ）に入れるのに適当な文を、a～dから選びなさい。

（ア）
- a．友達がたくさん歌ったので
- b．友達にたくさん歌われて
- c．友達にたくさん歌わされて
- d．友達がたくさん歌わされて

（イ）
- a．入る時に先生に見られてしまいました
- b．入る時に先生は気づきませんでした
- c．入る時に先生は黒板に字を書いていました
- d．入る時に他の学生に見られてしまいました

(2) 次のa～dの中から、本文の内容と合っているものを選びなさい。
- a．わたしは友達に歌をたくさん歌わせました。
- b．月曜日はいつも9時から授業が始まります。
- c．わたしは友達にお酒をたくさん飲まされました。
- d．友達はわたしの誕生パーティーを開いてくれました。

最後に会話文と読解文を読み直して、_____を埋めなさい。

ユニット1　会話　相談

父　何かおもしろい記事_____？きょうは_____新聞を読んでるね。

母　ええ、小学校や中学校でのボランティア活動についての記事を読んでるんだけど、学校も美穂やお姉ちゃんのころと_____のよ。

父　ボランティアって、お母さんがやってる、一人暮らしのお年寄りを_____「助け合いの会」とか、そういうのだね。子供だけで運営してるという話？

母　いいえ、そういう話ではないんだけど、できるだけ早い時期から_____ように、学校が子供たちにボランティア活動を_____という話よ。

父　_____。お姉ちゃんたちのころにもあったのかな。

母　ボランティアという言葉は_____使わなかったと思うけれど、休日を使って

バザーや古紙回収、公園の掃除はあった_____。

父　うちの信哉にも_____か。

母　させてみるって、何を？

父　ボランティアだよ。

母　本人の_____ね。休日くらい、お皿を洗わせたり、自分の部屋を掃除させたりしたいと思っても、_____…。

父　_____、そのくらいの_____で話してみよう。

ユニット2　会話　ボランティアの経験

先輩　高橋、_____、妹が「ボランティアで高橋さんと一緒だった。」って言ってたんだけど、ボランティアに参加したの？

信哉　ええ、…というより、参加_____です。

先輩　え、かわいそうに。で、_____？高橋は何をしたの？

信哉　耳鼻科に行く一人暮らしのお年寄りに付き添ったんです。

先輩　へえ。でも、高橋のうちにはおばあちゃんがいるから、お年寄りと_____だろう？

信哉　ええ、まあ。でも、一人で全部_____、初めはすごく_____しましたよ。けど、_____。けっこうおもしろかったですよ。

先輩　ふーん。付き添いって、何かあったら大変だよな。

信哉　ええ、でも、ボランティアが　　するから、一人一人の負担は_____んですよ。

先輩　あ、なんだ。一人で_____のかと思った。

信哉　_____よ。でも、僕みたいな_____でも参加できるようになってるんですよ。

先輩　_____な。でも、お年寄りとずっといるのは_____じゃない？

信哉　それが、昔のこととか聞けて、おもしろかったですよ。僕の知らないこともたくさんあったし…。

先輩　ふーん、僕も_____かな。

信哉　ええ。先輩も_____。

ユニット3　読解　信哉のボランティア活動報告：活動日誌から

実施日　　200X年6月10日

内　容　　病院への_____（「助け合いの会」への参加）

<報告>
9:30　コミュニティー・センター（本部）で、仕事について説明を聞く。（山田さんは右の耳が聞こえにくいので、必ず山田さんの左側に_____という説明を受けた。）
10:00　山田さんの_____。
11:00　支払いのあと、運転手さんと一緒に山田さんを_____。
11:30　本部に_____、_____了。
<感想>
　祖母と暮らしているのでお年寄りは_____だが、初めは、お迎えから帰宅まで一人ですべて_____のかと思って、_____した。しかし、実際の仕事は病院での受付と支払いだった。もう一人のボランティアの人がいて、運転を_____。お年寄りの世話をみんなで_____することで、_____になっていた。あとで、このシステムは_____人たちが仕事の_____作ったことを知って_____した。
　診察の_____いるとき、初めて会った人と　　　　し、よくわからない話を_____のはいやだなと思った。しかし、昔のこととか僕の知らないことがたくさんあっておもしろかった。
　初めは親に_____のが_____だったが、やってみたらけっこうおもしろかったし、_____。また_____参加したいと思った。
<コメント>
　_____一日でしたね。今回のボランティア活動が、高橋君にとってとても_____ことが_____。今度、クラスのみんなに_____くれませんか。（高崎）

第27課　受　験

単語帳

バイト　スランプ　センス　プラス　ユーモラス　リーダーシップ　チャンス　エンジョイ　タスク
シート　シート
同窓会　お願い　命令形　長所　自身　性格　正義感　正義　責任　愛想　包容
力　社交　感受性　理論　礼儀　自然　悩み　おまえ　学費　単位　白紙　用紙
-力　-性　-製　-形　-感
欠席　返事　命令　記入　思考　包容　信用　独創　共感　遠慮　上達　転換
投稿　返信　休学　編入
ついていく　励ます　目指す　回す　言い返す　悩む　富む　進む　知らせる　辞める
見つかる　見つめる
危ない　礼儀正しい　遠慮深い　深い　弱気　真剣　楽観　さわやか　豊か　知的
正直　几帳面　なめらか　しっかり　最も　何だか　いくら　まだまだ　やっぱり　早速
思い切って　思いっきり　なんか　一応

上海一番館　北海道　湖南　四川　チベット

文法リスト

Vてくる＜客体、信息的移动＞　　　　　Vるには＜目的＞
Vてしまう＜强行做某事的意志＞　　　　Vずに＜否定性状态＞
Vなさい＜命令・敬体＞　　　　　　　　Vるようになる＜変化＞
动词的命令形和命令句　　　　　　　　　N₁はN₂ほど～ない＜比较＞
动词的禁止形　　　　　　　　　　　　　～がる＜形容词的动词化＞
で＜时间量的限定＞　　　　　　　　　　やる／Vてやる＜授受、受益＞
Nなら＜主題＞　　　　　　　　　　　　日语简体会话的特点（3）
Vるといい＜建议＞

第27課 受験

Ⅰ. 文字・詞汇・语法

1. 写出下列画线部分汉字的正确读音。

   (1) 課長は責任を取って会社をやめた。
   (2) 私立大学は学費が高い。
   (3) 来月3日に、同窓会が開かれます。
   (4) わからないところはメモ用紙に書いておいてください。
   (5) 先生に励まされて勉強を続けている。
   (6) どうぞご遠慮なく。
   (7) 発車直前に乗り込んだ。
   (8) その傷はほうっておいても自然に治る。
   (9) 病気になると誰でも弱気になる。
   (10) 彼は月に1回雑誌に投稿する。

(1)	(2)	(3)	(4)	(5)
(6)	(7)	(8)	(9)	(10)

2. 将下列画线部分的假名改写成汉字。

   (1) 彼は何をしてもじょうたつが速い。
   (2) 私は今学期1日もけっせきしなかった。
   (3) 生活がゆたかになってきた。
   (4) 彼女は何かなやみ事があるらしい。
   (5) 気分てんかんに外へ出た。
   (6) このメールアドレスにへんしんしてください。
   (7) 外国語のたんいを英語で取得した。
   (8) 病気のため1年間きゅうがくしたことがある。
   (9) ゴールをめざして一生懸命に走りたい。
   (10) 二人はしんけんにつきあっていたようだ。

(1)	(2)	(3)	(4)	(5)
(6)	(7)	(8)	(9)	(10)

3．从a～d中选择一个正确答案。

(1) あそこの店員は＿＿＿がよくて、店もきれいだったからよく行った。
　　a．思考　　　　b．愛想　　　　c．遠慮　　d．包容

(2) もう遅いかもしれないが、＿＿＿行ってみよう。
　　a．一応　　　　b．一発　　　　c．一体　　d．一見

(3) 時計が＿＿＿、連絡してください。
　　a．見つかったら　　　　　　　b．見つけたら
　　c．見つめたら　　　　　　　　d．見たら

(4) 向こうが文句を言ったので、こちらも＿＿＿やった。
　　a．言い合って　　　　　　　　b．言い返して
　　c．言いつけて　　　　　　　　d．言い切って

(5) 夏休みには海へ行って＿＿＿泳ぎたい。
　　a．思いこんで　　b．思い出して　　c．思い切り　　d．思いで

(6) あの人はまるで母国語のように、＿＿＿な口調で英語を話していました。
　　a．つややか　　b．あきらか　　c．なめらか　　d．あざやか

(7) いろいろ考えたが、＿＿＿留学することにしました。
　　a．やっぱり　　b．はっきり　　c．あっさり　　d．うっかり

(8) この方法で＿＿＿試してみましょう。
　　a．けっこう　　b．さっぱり　　c．さすがに　　d．さっそく

(9) 独学してへんな癖がつくより、学校で基礎から＿＿＿習ったほうがいい。
　　a．はっきり　　b．しっかり　　c．まっすぐ　　d．うっかり

(10) あなたと話していたら、＿＿＿少し気分が楽になってきた。
　　a．ついつい　　b．やっぱり　　c．どんなに　　d．なんだか

4．从a～d中选择一个正确答案。

(1) 会議が始まる前に教室を掃除＿＿＿なさい。
　　a．しておき　　b．してある　　c．してい　　d．しておく

(2) スマートフォンの＿＿＿でテレビが売れなくなったという。
　　a．せい　　　　b．つもり　　　c．とおり　　d．はず

(3) 郵便局に行く＿＿＿、切手を買って来てください。
　　a．し　　　　　b．ので　　　　c．ため　　　d．なら

(4) 村下さんはこの料理を＿＿＿ので、お誕生日に作ってあげたい。
　　a．食べて　　　　　　　　　　b．食べ
　　c．食べたい　　　　　　　　　d．食べたがっている

(5) 歩いていたら、知らない人が話しかけて_____。
　　a．いた　　　　b．みた　　　　c．きた　　　d．あった
(6) 事故の_____電車は動いていません。
　　a．ため　　　　b．から　　　　c．ので　　　d．で
(7) 親の意見を_____仕事をやめたが、新しい仕事がなかなか見つからない。
　　a．聞いたら　　b．聞かなくて　c．聞かずに　d．聞けば
(8) 田中さんは渡辺さんほど背が_____。
　　a．高いです　　　　　　　　　b．高くありません
　　c．高かったです　　　　　　　d．高くないでした
(9) 忙しかったので、田代さんに電話をするのを忘れて_____。
　　a．おきました　b．しまいました　c．みました　d．いきました
(10) 今の子供たちは幼稚園から英語を勉強する_____。
　　a．ようにした　　　　　　　　b．ようになった
　　c．ことになる　　　　　　　　d．なった
(11) あと少しで終わりそうだから、今日中に全部やって_____。
　　a．こうよう　　b．いこう　　　c．しまおう　d．あろう
(12) 1度通販で本を買ったら、定期的にカタログを送って_____ようになった。
　　a．おく　　　　b．しまう　　　c．みる　　　d．くる
(13) 約束の時間に_____な。
　　a．遅れる　　　b．遅れ　　　　c．遅れた　　d．遅れて
(14) 京都へ_____、新幹線のほうが便利です。
　　a．行くと　　　b．行けば　　　c．行ったら　d．行くなら

5．在下列（　）里填入适当的助词。每个（　）填一个假名。

(1) 日本語が上手になる（　）（　）、日々の努力が重要だ。
(2) 湖北料理は湖南料理（　）（　）辛くないと思う。
(3) こんな難しい本を1週間（　）読み終えるなんて、無理。
(4) 元気（　）していますか。
(5) 今（　）（　）考えると、あの時がいちばん幸せだった。
(6) 親（　）行けと言われた大学を目指してがんばっていました。
(7) 自分のできること（　）（　）始めてみようか。
(8) 夫婦二人なら2LDK（　）十分だと思います。
(9) タバコ（　）（　）（　）大嫌い。
(10) 泣きたい（　）（　）（　）寂しかった。

6．将括号中的词语改为适当形式填空。

(1) 子どもの時、父によく「たくさん本を_____」と言われました。（読む）

(2) 蛇を_____人は少なくない。（こわい）

(3) 明日も学校があるんだから、早く_____。（寝る）

(4) 「禁煙」はたばこを_____という意味です。（吸う）

(5) 中国語は日本語ほど文法が_____。（複雑だ）

(6) 旅行には、ガイドブックを_____といい。（持って行く）

(7) 切手を_____ずに、手紙を出してしまった。（貼る）

(8) _____結果、私が間違えていることが分かりました。（調べる）

(9) 日曜日は犬を広い公園で_____ます。（散歩する）

(10) 英語を_____なら、アメリカかカナダに留学することをすすめたい。（習う）

7．正确排列a～d的顺序，并选择最适合填入 ★ 的部分。

(1) このリンゴは____ ★ ____ ____、甘くて大人気です。
　　a．が　　　　b．ほど　　　c．あのリンゴ　d．大きくない

(2) このプロジェクトが____ ★ ____、____なければなりません。
　　a．うまく　　b．皆の力が　　c．には　　　d．いく

(3) 日本語を勉強するなら、____ ____ ____ ____。
　　a．いい　　　b．実践的な　　c．テキストを　d．買うと

(4) 子どもを____ ★ ____ ____は、親として必要な能力です。
　　a．こと　　　b．褒めて　　　c．あげる　　d．きちんと

(5) 自分の利益を____ ★ ____ ____すごい勇気が要る。
　　a．他人を　　b．助ける　　　c．考ずに　　d．なんて

(6) ____ ____ ★ ____います。
　　a．頑張って　b．先輩　　　　c．を　　　　d．目指して

(7) ____ ★ ____ ____ので、不安です。
　　a．速さに　　b．いけない　　c．授業の　　d．ついて

(8) ____ ____ ____ ★送って来ました。
　　a．姉が　　　b．ワインを　　c．住んでいる　d．フランスに

(9) 危ないから、部屋の中で____ ____ ____ ★。
　　a．やめなさい　b．投げる　　c．ボールを　　d．のは

(10) チャイムが鳴り終わった後____ ★ ____ ____。
　　a．先生に　　b．教室に　　　c．入って　　d．叱られた

8．将下列句子译成日语。

(1) 小刘特别喜欢读书。一从书店前面过她就想进去。

(2) 突然跑过来一条狗，把我吓了一跳。

(3) （简体）"明天的联欢会怎么着？去吗？"
"去吧？还没想好。"
"别犹豫了，去吧！绝对有意思。"

(4) 要想了解一个民族，学习它的语言是最直接的办法。

(5) 我还没决定好是否报考这所大学，姑且先要了一些资料回来。

(6) （简体）"总觉得今天晚上好安静啊！"
"那么一说也是，总是很吵闹的卡拉OK听不见了。"

(7) "马路上写着什么字呀？" "写着'停！'"
"那个标记是什么意思啊？" "不要向右转的意思。"

Ⅱ．听力

1．听录音，选择正确答案。

(1) _____ (2) _____ (3) _____ (4) _____ (5) _____

2．听录音，选择正确的理由。

(1) _____ (2) _____ (3) _____ (4) _____ (5) _____

a．明日は6時に出発しますから。
b．家族が心配していますから。
c．風邪が流行っていますから。
d．もうすぐ試験ですから。
e．隣の教室で試験をしていますから。

Ⅲ．阅读

阅读下列文章，并根据其内容回答问题。

　　日本にはアニメが好きな若者がたくさんいる。その中には、アニメを見るだけではなく、自分がアニメのキャラクターになりたいと思う人もいる。こういう人は、アニメのキャラクターと同じ服を着る。これを「コスプレ」と言う。コスプレした若者はコスプレコンテストに参加したり、インターネットで自分のコスプレ写真を発表したりする。
　　私は以前コスプレコンテストを見たことがある。みんなアニメのキャラクターと同じような服を着て楽しそうだった。コスプレした若者たちは、彼らに声をかけてくる小さな子供たちと一緒に写真を撮ったり、遊んであげたりもしていた。
　　彼らの親の中には、自分の子供がコスプレすることに反対の人もいる。と思うが、「そんな服を着るな」「コスプレをやめろ」と言う前に、一度コスプレコンテストを見に行ったらどうだろうか。彼らの楽しそうな様子や小さい子供と遊んであげる優しい顔を見れば、コスプレに対する考えが変わるかもしれない。

問題

(1) 次のa～dの中で、文中の下線部「彼ら」が指しているものを一つ選びなさい。
　　a．アニメが好きな若者
　　b．小さい子供たち
　　c．コスプレする若者
　　d．小さい子供と遊んであげる若者
(2) 次のa～dの中で、本文の内容と合っているのものを一つ選びなさい。
　　a．わたしはコスプレコンテストに参加したことがある。
　　b．子供たちはコスプレした若者たちが嫌いだ。
　　c．自分の子供がコスプレすることに賛成しない両親もいる。
　　d．コスプレコンテストはインターネットで開かれる。

最後に会話文と読解文を読み直して、＿＿＿＿を埋めなさい。

ユニット1　会話　母からの電話

渡辺　　　喂。
渡辺の母　もしもし、美咲？
渡辺　　　あ、お母さん。
母　　　　＿＿＿＿＿？
渡辺　　　うん、＿＿＿＿＿。
母　　　　しばらく電話して来なかったから、＿＿＿＿＿のよ。
渡辺　　　＿＿＿＿＿。最近、学校もバイトもずっと忙しくて。
母　　　　あのね、小学校のときの＿＿＿＿＿けど、＿＿＿＿＿？来月の８日って書いてあるけど、帰って＿＿＿＿＿？
渡辺　　　うん、来月の初めは受験の直前だし、＿＿＿＿＿なあ。
母　　　　じゃあ、欠席って返事書いて＿＿＿＿＿？
渡辺　　　うん、＿＿＿＿＿。あーあ、＿＿＿＿＿のに。残念だなあ。
母　　　　＿＿＿＿＿、試験の勉強はどう？＿＿＿＿＿？
渡辺　　　うーん。最近ちょっと＿＿＿＿＿。よく眠れなくなっちゃって…。
母　　　　そうなの。
渡辺　　　＿＿＿＿＿、合格できないかもしれない。もしだめだったら、＿＿＿＿＿なあ。
母　　　　美咲は試験の前になるといつも＿＿＿＿＿わね。＿＿＿＿＿。きっと＿＿＿＿＿。お父さんも「がんばれ。＿＿＿＿＿。」って言ってるわよ。
渡辺　　　＿＿＿＿＿。ほんとに、ありがとう。
母　　　　それじゃ、＿＿＿＿＿ね。
渡辺　　　お母さんも元気でね。＿＿＿＿＿。

ユニット2　会話　渡辺さんを励ます会

渡辺　あーあー。もう勉強やめて、日本へ＿＿＿＿＿かな。
高橋　＿＿＿＿＿？
渡辺　何だか、＿＿＿＿＿…。中国語、いくら勉強しても＿＿＿＿＿し。
高橋　＿＿＿＿＿わよ。美咲の中国語、とても上手だと思うよ。
渡辺　わたしは美穂＿＿＿＿＿し、まだまだ…。
高橋　ううん。わたしより美咲＿＿＿＿＿よ。きのうも、会話の授業で、とっても＿＿＿＿＿ねってほめられてたし…。
渡辺　＿＿＿＿＿…。

高橋　美咲…。

趙　　ねえ、高橋さん。渡辺さん、このごろ_____ね。やっぱり、_____でしょうか。

高橋　ええ、_____ですよ。今は、_____ときなのに…。

趙　　受験の前って、_____よね。

高橋　ええ。それで、美咲を_____ために、みんなでカラオケ_____んですけど…。

趙　　_____！カラオケなら、上海一番館へ行きませんか。きっと_____よ。

高橋　そうですね。_____、美咲、上海一番館へ行きたがってました。今晩、_____。

ユニット3　読解　インターネット掲示板：大学生の悩み　大学生の広場

投稿

　わたしは今年、K大学に合格して_____しました。入学してから1か月_____が、まだ大学での勉強_____。_____時代のあとには楽しい大学生活が待っている_____。でも、大学での勉強は_____。受験勉強ではがんばって_____が、今はそうではありません。それに、周りの人がみんな_____、_____。

― A. N.

返信

A. N. さんへ

　僕は去年の今ごろ、A. N. さんと_____、_____結果、1年で休学しました。今から考えてみると、受験のときは、よく考えずに、_____。でも、自分で何かを深く考えるには、本当に興味があることじゃないと難しいです。それで_____休学して、アルバイトをしながら_____んです。まだ_____が、自分とは何かを考えることから哲学に_____、哲学科に_____しました。興味のあることが勉強できて今は楽しいです。A. N. さんも、まず、_____どうですか。

― プラトン

　A. N. さんも、プラトンさんもとても_____、すごいですね。わたしも1年生のときはA. N. さんと同じように_____。でも、今は、大学生活を_____しています。勉強は_____、サークル活動（テニス）をがんばっています。

父には「おまえを_____ために、学費を払ってやっているんじゃない。もう_____！」と_____が、そう言われたら、「サークルで_____のよ！」と_____います。こんな生活をしていて、もし卒業できなかったら_____と思うときもあります。でも、_____し、今はこれでいいと思っています。A．N．さんも、もっと学生生活を_____ことを考えてみるといいんじゃないでしょうか。

— ちかぴょん

IV. kittyの中国発見

日本のドラマ

　中国の若者、とくに日本語を勉強している人のなかには、日本のドラマを見るのが何より好きだという人がいます。わたしは以前、中国人は山口百恵や高倉健、東京ラブストーリーなどの一部の有名な俳優や作品しか知らないのではと思っていました。しかし、それは大きなまちがいだったとすぐ気づきました。と言うのは、わたしが知らないドラマや俳優を、彼らはとてもよく知っています。彼らは人気のある日本のドラマをほとんどリアルタイムで見ています。例えば、日曜日の夜に放送されるNHKの大河ドラマは、火曜日ごろには中国語の字幕つきで見ることができます。日本のドラマがダウンロードできるホームページがあり、それに有志が字幕をつけてアップロードしているようです。たまに字幕が間違っていたりしておもしろいですが（笑）。ドラマのほかにも歌番組やバラエティもときどき見られます。著作権はもちろん守らなければいけませんが、最新の日本のドラマが大好きだという理由から、自分で字幕までつけてしまうという情熱はすごいですね。これくらいの情熱で外国のドラマを見れば、語学の上達も速いと思います。

第4単元の練習（第25～27課）

1. 写出下列画线部分汉字的正确读音。

    (1) 学生たちは説明を聞きながら熱心に見学している。
    (2) インターネットの便利さを実感した。
    (3) 受講を希望される方は受付で予約をしてください。
    (4) ここでは1946年以降の記事を検索できる。
    (5) 大学の心理相談室では、個人的な悩みを相談できる。
    (6) 人間はすべての場面で想像力を働かせている。
    (7) 受験勉強の毎日は忙しくてたいへんでした。
    (8) 無理して家を買った。
    (9) 家に帰って早速メールをチェックした。
    (10) 一般に男性は頭が固く、女性は頭が柔らかいと言われている。

(1)	(2)	(3)	(4)	(5)
(6)	(7)	(8)	(9)	(10)

2. 将下列画线部分的假名改写成汉字。

    (1) 一般社会は、必ず第1学年で5たんいを取らなければならない。
    (2) ＡＴＭなどを利用して公共料金などのしはらいができる。
    (3) 彼は病気でよわきになっている。
    (4) 岡田医師はじびかが専門です。
    (5) この方法は、しょしんしゃにとっては意外にやさしい。
    (6) しぜんな話し言葉をコンピュータで自動翻訳するのはかなり難しいようだ。
    (7) 児童は大人に比べ英語のじょうたつが早い。
    (8) 新聞記者をめざして新聞学科に入学した。
    (9) ゆめさがしのために留学した。
    (10) つらいとき、わたしをはげましてくれたのが友達でした。

(1)	(2)	(3)	(4)	(5)
(6)	(7)	(8)	(9)	(10)

3．从a～d中选择一个正确答案。

(1) 先月、高校生美術_____が行われた。
　　a．コンクール　b．コンパクト　　c．コンサート　　d．コンクリート
(2) 中国でも、日本の_____を生かして盲導犬を普及させようと考えている。
　　a．ツーリスト　b．ノウハウ　　c．コンテスト　　d．スランプ
(3) お客さんが来られなくなったので、レストランの予約を_____した。
　　a．キャンパス　b．キャンセル　　c．キャスター　　d．キャラクター
(4) 決勝戦の_____が手に入ったので、父はたいへん喜んでいる。
　　a．チケット　b．チベット　　c．チャイナ　　d．チャレンジ
(5) いい天気だから、鎌倉に_____に出かけた。
　　a．バイキング　b．ハイキング　　c．バッグ　　d．パック
(6) その店の商品は安くて_____がいいので、気に入りました。
　　a．りょう　b．しつ　　c．せい　　d．しゃ
(7) _____ダイエット始めようかな。
　　a．そろそろ　b．なかなか　　c．ますます　　d．かたがた
(8) _____情報を分析している。
　　a　さがした　b．掛けた　　c．言われた　　d．集めた
(9) あそこの階段は暗くて_____から、気をつけてね。
　　a．ありがたい　b．こまかい　　c．あぶない　　d．かなしい
(10) お金がないので、旅行を_____。
　　a．あきらめた　b．すすめた　　c．そなえた　　d．とりもどした

4．选择与画线句子意思最相近的句子。

(1) 久しぶりにあのレストランに行った。
　　a．よくあのレストランへ行く。
　　b．しばらくあのレストランへ行っていなかった。
　　c．あのレストランへ行ったことがない。
　　d．ぜんぜんあのレストランへ行かない。
(2) 宿題、なんとかなりました。
　　a．宿題が難しかったから、できなかった。

b．宿題が難しくなかったが、できなかった。

c．宿題は大変だったが、できました。

d．宿題したくなかったが、できました。

(3) このままだと彼に嫌われてしまいそう。

a．なんとかしたら、彼に嫌われてしまう。

b．なんとかしなければ、彼に嫌われてしまう。

c．何かあったら、彼に嫌われてしまう。

d．何もしたくなかったら、彼に嫌われてしまう。

(4) 勉強は難しければ難しいほどいい。

a．勉強は難しいほうがいい。

b．勉強は難しくないほうがいい。

c．難しい勉強でもいい。

d．難しい勉強だとよくない。

(5) 言わなくてもよかったのに。

a．言ってしまいました。

b．言いませんでした。

c．言いたくなかったです。

d．言わないつもりです。

5．从a～d中选择一个例词使用错误的句子。

(1) 勧める

a．出たほうがいいと友達に出席を勧めた。

b．落ち込んではだめと友達に勧めた。

c．教授は私に留学を勧めてくれた。

d．友達に勧められて相談にうかがいました。

(2) 熱心

a．あの人は性格がとても熱心です。

b．教育に熱心な人が増えてきました。

c．学生たちは熱心に村上先生の講演を聞いている。

d．熱心なファンが応援してくれた。

(3) 進む

a．大学院は中国語教育関係の課程に進むつもりだ。

b．シンポジウムは予定通り順調に進んでいる。

c．どうぞ、部屋の中に進んで、話しましょう。

d．海外の進んだ技術を積極的に取り入れる。
（4）なめらか
　　　a．恵子さんはいつもなめらかな口調で話す。
　　　b．ヨーグルトのなめらかな食感が好き。
　　　c．彼女は女優のようになめらかな肌をしている。
　　　d．地面がなめらかだったので、転んでしまった。
（5）経つ
　　　a．彼と付き合ってから2年経った。
　　　b．出かけた父が5分も経たないうちに戻って来た。
　　　c．時が経つにつれて痛みは次第に消えた。
　　　d．そのことが経って、自分が成長したような気がします。

6．从a～d中选择一个正确答案。

（1）何か秘密_____あるのですか。
　　　a．でも　　　　b．では　　　　c．かも　　　　d．にも
（2）わたしも元気_____しています。
　　　a．で　　　　　b．に　　　　　c．も　　　　　d．を
（3）大学には日本人の留学生が5人いて、5人_____京都出身です。
　　　a．にも　　　　b．かも　　　　c．でも　　　　d．とも
（4）何人_____お金を出し合って、小型船を買った。
　　　a．かで　　　　b．かも　　　　c．で　　　　　d．が
（5）プロ_____ではないけれど、ポスターなら描かせてください。
　　　a．より　　　　b．ほど　　　　c．にも　　　　d．から
（6）小学生の子どもを一人で買い物に_____んですが、ちょっと心配です。
　　　a．行った　　　　　　　　　　b．行ってしまった
　　　c．行かされた　　　　　　　　d．行かせた
（7）この病気はとても_____にくい。
　　　a．なおる　　　　　　　　　　b．なおり
　　　c．なおって　　　　　　　　　d．なおった
（8）熱が_____ばかりなので、まだ冷たいものを食べてはいけない。
　　　a．下がる　　　　b．下がって　　c．下がった　　d．下がり
（9）休日は好きな本を_____ながら、コーヒーの香りでリラックス。
　　　a．読む　　　　b．読んで　　　c．読んだ　　　d．読み

(10) ラーメン＿＿＿＿＿駅前のラーメン屋さんがおいしいよ。
　　　a．こそ　　　　b．なら　　　　c．には　　　d．とは
(11) 父はちょうど今帰って来た＿＿＿＿＿です。
　　　a．こと　　　　b．ほう　　　　c．ところ　　d．とき
(12) 暖かい部屋で本を読んでいたら、眠くなって＿＿＿＿＿。
　　　a．くる　　　　b．きた　　　　c．いく　　　d．いた
(13) 父がいないので母は＿＿＿＿＿。
　　　a．さびしいです　　　　　　　　b．さびしがっています
　　　c．さびしいばかりです　　　　　d．さびしかったです
(14) その切手を手に入れるのは＿＿＿＿＿ようです。
　　　a．無理だ　　　b．無理の　　　c．無理に　　d．無理が
(15) 美術館で写真を撮ったら、注意＿＿＿＿＿しまった。
　　　a．されて　　　b．させて　　　c．して　　　d．になって
(16) 努力＿＿＿＿＿タバコはやめられますよ。
　　　a．しだいで　　b．ために　　　c．につれて　d．によりて
(17) お金を＿＿＿＿＿きれいになる方法を紹介します。
　　　a．かけた　　　　　　　　　　　b．かけたばかり
　　　c．かけずに　　　　　　　　　　d．かけなくて
(18) その小説は面白かったので、一気に読んで＿＿＿＿＿。
　　　a．しまった　　b．おいた　　　c．あった　　d．きた
(19) いやだったが、先輩に部屋の掃除を＿＿＿＿＿ました。
　　　a．しさせられ　b．せさられ　　c．られさせ　d．させられ
(20) 名前を＿＿＿＿＿病院の待合室で待っていました。
　　　a．呼ばれるまで　b．呼ぶまで　　c．呼ばれる後　d．呼ぶ前

7．完成下列对话。

(1)（同じ会社の社員）
　　　A：じゃあ、あした神戸に行ってきます。
　　　B：＿＿＿＿＿＿＿＿＿＿＿＿＿＿＿＿＿＿＿＿＿＿＿。
(2)（兄弟）
　　　A：ああ、わたしもうだめ。
　　　B：＿＿＿＿＿＿＿＿＿＿＿＿＿。すぐ弱気になるんだから。
(3)（初対面の日本人と中国人）
　　　A：日本語がお上手ですね。

　　　　B：_____。

(4) （友人同士）

　　　　A：わたしかわいくないから、もういや。

　　　　B：_____。

(5) （同じ会社の社員）

　　　　A：実は私、来月結婚することになったの。

　　　　B：_____。

8．把下列句子译成日语。

(1) 生活越便利人们越容易运动不足。

(2) 因为发生了事故，不得不在电车里等了40分钟。

(3) 我打算看这次考试的结果怎么样，再决定报考哪个大学。

(4) 因为迟到被老师骂了一通。

(5) 正在洗澡的时候有人打电话来，真没办法。

(6) 大家都希望进入有名的企业工作，但是我觉得小公司才会让自己做好的工作。

(7) 由于电视、网络的原因，人们的读书时间越来越短了。

(8) 我还没有决定是否考研，不过还是先领来了资料。

(9) 为了让孩子们尽早地体验自己与社会的联系，学校号召学生参加志愿者活动。

(10) 最近，由于网络的普及，即使生活在地方，也能够与首都一样获得同样质量的信息，不会落伍。回家乡就业不也可以为建设自己的家乡做出贡献吗？

语法小结

助词	意思	例句
Vてくる	动作的方向性	注文した本をもう送ってきました。
Vてしまう	强行做某事的意志	このジュース、あと少しだから、全部飲んじゃおうかな。
やる／Vてやる	授受、受益	わたしは弟に昔話を話してやりました。
Vなさい	命令・敬体	もっとゆっくり食べなさい。
Vるな	禁止	遅刻するなと先生に怒られた。
Nなら	主题	北京ダックなら、いい店を知っています。
Vる／Vている／Vた／Vていたところだ	动作所处时间段	今、出かけるところです。
N_1はN_2を／に V（さ）せる	使动	先生は学生に日本語を話させる。
N_1はN_2に V（さ）せられる	使动被动	子供はお母さんに薬を飲まされた。
Vながら	同时	弟はいつもテレビを見ながら、宿題をしている。
～ようだ	推测	田中先生はお酒がお好きなようですね。
Vたばかりだ	刚刚发生	その言葉は習ったばかりで、まだ上手に使えません。
N_1はN_2ほど～ない	比较	田中さんは加藤さんほど勤勉な学生ではありません。
～ば～ほど	相应变化	チケットの予約は早ければ早いほどいいですよ。
Vやすい／にくい	难易	散歩に行くときは、歩きやすい靴をはく。
くらい	限定	忙しくても、電話ぐらい（くらい）かけられるでしょう。
で	时间量的限定	いろいろ考えた結果、1年で休学しました。
Nとも	全部	兄弟4人とも同じ高校に通っていました。
Vずに	否定性状态	彼は1日も休まずに、まじめに働いています。
Vるには	目的	この町の歴史を調べるには、この本が参考になると思う。
Vるようになる	变化	日本へ来てから、日本料理を作れるようになりました。
～のではないだろうか	肯定判断	この本は子供には難しいのではないでしょうか。
～ような気(感じ)がする	感觉	あの人とどこかで会ったような気がします。
～というより	选择更加准确的表达方式	お酒を飲んだというより、友達に飲まされた。
～がる	形容词的动词化	あの子は小さい猫をかわいがっています。
Vるといい	建议	日本語の辞書はこれを使うといいです。
N次第だ	决定性的事物	ボランティア活動は本人の気持ち次第ね。

第28課　ディスカッション

単語帳

スタイル　レベル　データ　コミュニケーション　グローバル　アクセス　アパート　ネットワーク　リアルタイム　スクリーン

脳　親　財産　知識　技術　手段　社説　実力　人柄　意思　端末　近年　家具　家屋　火災　直後　様子　今後　質疑　地質　住民　可能性　可能　不可能　長電話　南北　瞬時　航空機　居場所　一室　瞬間　仮想　本物　実体験　真　物理　空間　効果　発生　進歩　応答　分析　予測　賛成　変化　構築　意識　疎通　変容　接触　発言　犠牲　予知　防災　長-　実-

防ぐ　通す　作り出す　起こる　心がける　減る　講じる　思い浮かべる　越える　伝わる　かける　超える　加える　分かれる

かしこい　新た　どんどん　やはり　いわば　一層　ありとあらゆる　どれほど　すると

文法リスト

Vてくる／いく
～ながら＜転折＞
Vる/Nのたびに＜同一情況的反復＞
だけ＜程度＞
Vるべきだ＜义务＞
Nにつれて＜相応的変化＞
Nには及ばない＜比較＞
Nに加えて＜補充＞

I. 文字・词汇・语法

1. 写出下列画线部分汉字的正确读音。

   (1) 市民の環境意識について調査を行った。
   (2) 出張中の彼氏と毎晩長電話で一日の出来事を話し合った。
   (3) 台風で200戸の家屋が被害を受けた。
   (4) 通りかかったのは事件発生の直後だった。
   (5) 彼の日本語は全然進歩しない。
   (6) 私は思い切って発言した。
   (7) 日ごろの防災訓練が必要だ。
   (8) 漢字は海を越えて日本に伝わった文字である。
   (9) 事故を防ぐために、どんなことをしましたか。
   (10) 気温の変化が激しいので皆さんも体調には気をつけてください。

(1)	(2)	(3)	(4)	(5)
(6)	(7)	(8)	(9)	(10)

2. 将下列画线部分的假名改写成汉字。

   (1) 結婚相手は、経済力よりひとがらのほうが大切だ。
   (2) しつぎおうとうのあと、採決が行われた。
   (3) 仕事の関係でいろいろな人とせっしょくしている。
   (4) 新しいぎじゅつを身につけたい。
   (5) かさい保険に入りました。
   (6) 体重が3キロへった。
   (7) こんな計画にはさんせいできない。
   (8) この花はまるでほんもののようだ。
   (9) 就活では、ちしきより能力が求められる。
   (10) 昨夜このあたりで大きな火事がはっせいした。

(1)	(2)	(3)	(4)	(5)
(6)	(7)	(8)	(9)	(10)

3．从a～d中选择一个正确答案。

(1) 今年の受験生は英語の_____がかなり高い。
　　a．レタス　　　　b．レジャー　　　　c．レベル　　　d．レポート

(2) 彼は最新の_____をたくさん集めて、論文を書きたいそうだ。
　　a．デート　　　　b．データ　　　　　c．スタイル　　d．アクセス

(3) 市民の公共施設利用の_____について調査した。
　　a．意思　　　　　b．意識　　　　　　c．意志　　　　d．意地

(4) つたない英語でも自分の気持ちが_____という喜びが、自信につながった。
　　a．通した　　　　b．越えた　　　　　c．渡った　　　d．伝わった

(5) 1週間_____この論文を書きあげました。
　　a．うけて　　　　b．かけて　　　　　c．つけて　　　d．あけて

(6) 正しく書くように常に_____。
　　a．こころえましょう　　　　　　　　b．こころありましょう
　　c．こころみましょう　　　　　　　　d．こころがけましょう

(7) 分からないことがあったら、遠慮しないで_____聞いてください。
　　a．どんどん　　　b．まだまだ　　　　c．わざわざ　　d．だんだん

(8) さまざまな恋愛を描くこの小説は、_____現代の源氏物語とでもいうような作品だ。
　　a．いわば　　　　b．あらゆる　　　　c．もっとも　　d．いわゆる

(9) 行くなら_____早いほうがいい。
　　a．少しも　　　　b．少なくとも　　　c．少しでも　　d．少なく

(10) 物価が上がって生活は_____苦しくなった。
　　a．一応　　　　　b．一体　　　　　　c．一旦　　　　d．一層

4．从a～d中选择一个正确答案。

(1) 彼女は買物に行く_____に、新しい服を買っている。
　　a．ほど　　　　　b．から　　　　　　c．うえ　　　　d．たび

(2) 卒業旅行は日本へ_____つもりだ。
　　a．行く　　　　　b．行き　　　　　　c．行って　　　d．行か

(3) 外国語は何年か勉強すると_____ようになりますよ。
　　a．話します　　　b．話している　　　c．話した　　　d．話せる

(4) 人も動物も水のないところでは生きて_____ことができない。
　　a．くる　　　　　b．いく　　　　　　c．おく　　　　d．しまう

(5) 学校代表として出場したのだから、最後までベストを_____べきだ。
　　a．尽くす　　　　b．尽くし　　　　c．尽くして　　d．尽くした
(6) 妹はどこ_____本を読んでいるので、「本の虫」と言われています。
　　a．に　　　　　　b．で　　　　　　c．にも　　　　d．でも
(7) 必要なときに必要な_____追加したほうが効率的だ。
　　a．くらい　　　　b．そうに　　　　c．だけ　　　　d．ように
(8) 先ほどの注意点_____、もう一点気をつけるところがあります。
　　a．について　　　b．につれて　　　c．にとって　　d．にくわえて
(9) 最近インフルエンザ_____のニュースをよく見ます。
　　a．について　　　b．につれて　　　c．にとって　　d．にくわえて
(10) この部屋は北側の窓_____の景色がすばらしい。
　　a．へ　　　　　　b．から　　　　　c．まで　　　　d．ほど

5．在下列（　）里填入适当的助词。每个（　）填一个假名。

(1) 東京で1人（　）生活する（　）（　）、月10万円要ります。
(2) 私は渡辺さんの意見（　）賛成です。
(3) 私は今度のボランディア活動（　）（　）学んだこと（　）ついて話したい（　）思います。
(4) 鈴木さんは昨日用事（　）学校（　）休みました。
(5) うちの子は最近魚（　）（　）でなく、肉（　）食べるようになりましたよ。
(6) 山下さんは試合（　）備えて、一生懸命に練習しています。
(7) 山（　）行くたび（　）、雨（　）降られる。
(8) 悪い（　）知り（　）（　）（　）、うそ（　）ついてしまった。

6．从下列方框中选出合适的词语填空。

　　～を通して　　～として　　～によって　　～に加えて
　　～について　　～に次いで　　～につれて

(1) 英語_____重要な外国語は日本語だと思う。
(2) 農村の生活様式_____調べている。
(3) 年をとる_____経験も豊富になる。
(4) 私たちは友人_____知り合いになった。
(5) インターネット_____、世界中の情報が簡単に手に入るようになった。

(6) 試験の準備＿＿＿＿＿来週までに中国文化についてのレポートも出さなければならない。

(7) 趣味＿＿＿＿＿剣道を習っている。

7．将下列两个句子连为一句。

(1) 彼女に会います。彼女は毎回違うめがねをかけています。

(2) 肉を食べなければならない。野菜も食べなければならない。

(3) テキストで外国語を勉強することも大切です。しかし、生の外国語の環境で勉強するほうが効果がある。

(4) その電車に乗ります。そのためには予約をとる必要があります。

(5) 時間が経った。悲しみはだんだんと薄らいできた。

(6) 彼は重要な情報を知っています。ぜんぜん教えてくれませんでした。

8．用「くる」或「いく」的适当形式完成句子。

(1) 汽車はどんどん遠くへ離れて＿＿＿＿＿。
(2) 18歳の時からずっとこの工場で働いて＿＿＿＿＿。
(3) 入場券を買って＿＿＿＿＿ので、ここで待っていてください。
(4) 草むらから虫の鳴き声が聞こえて＿＿＿＿＿。
(5) ずいぶん暑くなって＿＿＿＿＿ね。
(6) この学校では、毎年1500名の学生が卒業して＿＿＿＿＿。
(7) 両親から衣類や日用品が送られて＿＿＿＿＿。
(8) 日本ではさらに子供の数が減少して＿＿＿＿＿ことが予想される。

9．正确排列a～d的顺序，并选择最适合填入＿★＿的部分。

(1) ＿＿＿＿　＿＿＿＿　＿＿＿＿　＿★＿、人々は手紙を書かなくなりました。
　　　a．するに　　　b．普及　　c．携帯電話が　d．つれて

(2) 卒業写真を見るたびに、高校時代の日々が＿＿＿＿　＿＿＿＿　＿＿＿＿　＿★＿。

　　　　a．ことのように　　b．くる　　c．浮かんで　　d．昨日の

(3) 町ではごみの量を＿＿★＿＿＿＿＿＿＿＿＿＿＿工夫をしている。
　　　　a．ために　　　b．減らす　　c．少しでも　　d．いろいろな

(4) 日曜日だから＿＿＿＿★＿＿＿＿＿＿＿＿かまいません。
　　　　a．テレビは　　b．見ても　　c．必要な　　d．だけ

(5) 子供は友達と遊んでいる＿＿＿＿＿＿＿＿＿＿★＿＿そうだ。
　　　　a．人間関係を　　b．うちに　　c．いく　　d．学んで

(6) どんなに賢いコンピューター＿＿＿＿＿＿＿＿＿★＿。
　　　　a．脳には　　b．でも　　c．及ばない　　d．人間の

(7) やると決めた仕事を＿＿＿＿＿★＿＿＿＿＿。
　　　　a．途中で　　b．べき　　c．やめる　　d．ではない

(8) 彼女は実力が＿＿＿＿＿＿＿＿＿★＿です。
　　　　a．加えて　　b．あるのに　　c．いい　　d．人柄も

10. 将下列句子译成日语。

(1) 随着天气变暖，出去游玩的人也增多了。

(2) 这辆自行车虽然不大，但是性能很好。

(3) "老师，我报考哪个大学好呢？"
　　"我可以给你提供参考意见，但是我认为自己以后的道路应当自己决定呀。"

(4) 父亲每次出差都给我买来当地的特产。

(5) 从健康的角度来说，在外面吃饭不如在家里自己做着吃。

(6) 上个月刚给孩子买的鞋，现在已经变小了。

(7) 为了取得好成绩，我打算今后仍然继续努力下去。

Ⅱ．听力

1. 听录音，选择正确答案。

   (1) _____ (2) _____ (3) _____ (4) _____ (5) _____

2. 听录音，判断正误。

   ( ) (1) アルバイトはいろいろな仕事を経験できるが、あまり意味がない。
   ( ) (2) アルバイトでたくさんのことを学ぶことができるので、大学の勉強は必要ない。
   ( ) (3) アルバイトの経験は就職を決める時に役に立つかもしれない。
   ( ) (4) アルバイトは勉強の時間がなくなるので、しないほうがいい。

Ⅲ．阅读

阅读下列文章，并根据其内容回答问题。

　　現在世界中のたくさんの人がインターネットを利用して勉強している。将来は、もっと多くの人がコンピューターを使って勉強するようになる。そして、学校に行かなくても、家でコンピューターを使って、授業を受けられるようになるだろう。コンピューターは先生とだけではなく、友達のコンピューターともつながっているので、コンピューターを通して友達とコミュニケーションができるようになる。
　　しかし、どんなにコンピューターが便利になっても、学校に行きたい人もいるにちがいない。友達と会って話したり、一緒にスポーツをしたりすることもとても大切なことだ。家でコンピューターの前に座っているだけでは勉強できないことも、この世界にはたくさんある。コンピューターは便利だが、人々が現実に体験することのほうがもっと大切だ。（ア）、人々が現実に体験する機会が少なくなってしまうのが心配だ。

問題

(1) 空欄（ア）に入れるのに適当なものを、次のa～dから一つ選びなさい。
    a．コンピューターを誰でも利用することができるので
    b．コンピューターが便利になるにつれて

　　　　c．コンピューターを使って授業を受けられるので
　　　　d．コンピューターが友達のコンピューターとつながっているので
（2）次のa～dの中で、本文の内容と合っているものを一つ選びなさい。
　　　　a．現在コンピューターを使って学校の授業を受けることができる。
　　　　b．コンピューターで授業を受けられるので、誰も学校に行かなくなる。
　　　　c．コンピューターはとても便利なので、もっと多くの人が利用するべきだ。
　　　　d．コンピューターで授業を受けられるようになっても、学校に行くことは大切だ。

最後に会話文と読解文を読み直して、_____を埋めなさい。

ユニット1　会話　日本語の授業

遠藤　きょうは、みなさんが調べたことについて発表してもらいます。まず、李さん_____。何について話しますか。

李　わたしは、最近の大きな地震から_____と思います。

遠藤　では、_____。

李　みなさんも_____、_____、いちばん大きな地震は1976年の唐山地震ですが、2003年の新疆地震は、当時、_____大きな地震だと_____。新疆地震では、学校や病院などの建物が_____、多くの人々が_____。近年、世界のいろいろな地域で同じような_____の地震が起きています。どのような状況だったかについて、阪神・淡路大震災の例を見てみます。_____。見えますか。

学生　はい。

李　この地震では、家具の転倒や家屋の倒壊で_____。また、地震のあとに発生した火災も_____原因の一つでした。この画面は_____の様子です。

学生　わあ、怖いですね。

李　この地震で、被災地_____、日本中の人々が地震_____ようになったそうです。地震予知の技術は_____。今後も、さらに_____と思いますが、地震に_____、まず、わたしたち一人一人が_____ことが必要だと思います。

（発表が続く）

ユニット2　会話　クラスメートとの質疑応答

遠藤　李さんの発表について、_____か。

趙　はい。

遠藤　はい、趙さん。
趙　　地震予知の技術は＿＿＿＿んですか。
李　　過去のデータの分析や地質調査が＿＿＿＿、地震が起きる可能性の高い地域はわかるようになったそうです。
趙　　地域のほかに、発生時期や規模も＿＿＿＿んですか。
李　　大体のこと＿＿＿＿ようです。わたしたちは、大きな地震が＿＿＿＿、日ごろからもっと＿＿＿＿と思うんですが、地震を防ぐことは＿＿＿＿です。
趙　　そうですね。
王　　はい。
遠藤　王さん、＿＿＿＿。
王　　防ぐことは＿＿＿＿も、地震の被害を少しでも小さくするための＿＿＿＿でしょうか。
李　　王さんの意見＿＿＿＿です。やはり、まず住民が努力することが＿＿＿＿と思います。
王　　東京は＿＿＿＿かな。
趙　　え、どうして？
王　　どうしてって…。

ユニット3　読解　国際社会のコミュニケーションとITの進歩：

南北新聞社説

　IT（Information Technology）が現代社会のグローバル・コミュニケーションに＿＿＿＿と言う人がいる。＿＿＿＿、近年ITが進歩する＿＿＿＿て私たちの日常生活、特に人と人との＿＿＿＿が変化してきた。
　ITと言うと、インターネットを＿＿＿＿。インターネットとは、＿＿＿＿世界中のコンピューター端末の間に＿＿＿＿ネットワークのことである。インターネット上では、ある地域や社会の人々が文化的・知的財産として所有していた＿＿＿＿や＿＿＿＿が＿＿＿＿国境を越えて＿＿＿＿。つまり、インターネットの特徴は＿＿＿＿ということだ。インターネット＿＿＿＿、私たちは、いつでもどこにいても＿＿＿＿地球上のどこからでもリアルタイムで＿＿＿＿できるようになった。
　私たちは、これまでも航空機や国際電話などの新しい交通手段・通信手段が＿＿＿＿、地球の大きさについての＿＿＿＿が、インターネットの発展により、

地球が＿＿＿＿なった、狭くなったと感じている。

　　インターネットの普及＿＿＿＿、国境が＿＿＿＿、地球が狭く感じられるようになると、人と人との間の＿＿＿＿も変容し、その結果、新しい国際社会の＿＿＿＿が作り出される。

　　インターネットが提供する＿＿＿＿環境は、ともすると、私たちに自分の＿＿＿＿を忘れさせる。インターネットへの＿＿＿＿があれば、たとえば、東京の狭いアパートの一室に＿＿＿＿、＿＿＿＿には、地球の反対側の生活を仮想体験することもできるのだ。自分の国や社会に＿＿＿＿、好きなときに、地球の反対側の国や社会の＿＿＿＿情報に＿＿＿＿ことができる。これは、ある意味で、遠い国が近くなるということだ。

　　しかし、仮想体験はそれがどれほど＿＿＿＿、実体験＿＿＿＿。真の意味で遠い国を近い国にするには、私たちは、実際の物理的空間を、＿＿＿＿移動し、その国あるいは社会を＿＿＿＿、＿＿＿＿、実際に＿＿＿＿べきだ。インターネット上の仮想体験は、本物の＿＿＿＿ことはない。真の国際社会のコミュニケーションは、ITの進歩＿＿＿＿、人と人との接触と交流によって＿＿＿＿である。

第29課　アルバイト

単語帳

プラスα　プラス志向　キーワード　アンテナ

天気　文学　廊下　階段　医療　票　生き物　人事　人数　高級　条件　役　傾向　具体　志向　実例　説得力　姿勢　意欲　第一印象　印象　中身　外見　間際　一夜漬け　身だしなみ　初志貫徹　各自　復習　徹夜　講演　指名　交代　反省　反応　重視　採用　説得　内定　-代 -向け

問う　示す　転ぶ　限る　強まる　変わる　とらえる　つける　張る　働きかける

有利　具体的　独創的　不快　清潔　単なる　あんな　何となく　少々　自ら

いけない　いらしてください

中島　丸井

文法リスト

Nさえ～ば＜充分条件＞

Nらしい／らしさ＜风格、特征＞

（Nに）Vてほしい／Vないでほしい＜対他人的希望＞

に＜主体＞

N／AⅡでいらっしゃる＜尊他＞

Vていらっしゃる＜尊他＞

～てしかたがない＜極端的心理状態＞

～とは限らない＜否定性的可能＞

Ⅰ. 文字・词汇・语法

1. 写出下列画线部分汉字的正确读音。

    (1) 語学教育を<u>重視</u>するべきだ。
    (2) <u>徹夜</u>で試験の準備をした。
    (3) 彼はゴール<u>間際</u>で追いついた。
    (4) 政治問題について<u>講演</u>をした。
    (5) <u>外見</u>で人を判断してはいけない。
    (6) 将来<u>人事</u>に関する仕事をしたい。
    (7) 彼の話には<u>説得力</u>がある。
    (8) この絵は<u>独創性</u>に富んでいる。
    (9) <u>一夜漬け</u>ではいい成績はとれない。
    (10) 台所は<u>清潔</u>にしなければならない。

(1)	(2)	(3)	(4)	(5)
(6)	(7)	(8)	(9)	(10)

2. 将下列画线部分的假名改写成汉字。

    (1) 勉強への<u>いよく</u>を高める。
    (2) 東西大学への入学が<u>ないてい</u>した。
    (3) 同じ間違いをしたなんて、<u>はんせい</u>しなければならない。
    (4) よい<u>しせい</u>を保つことは重要だ。
    (5) 応募者の中から5名<u>さいよう</u>する予定だ。
    (6) 人間は<u>なかみ</u>が大切だ。
    (7) あの失礼な言い方を思い出すと<u>ふかい</u>になる。
    (8) 物価は下がる<u>けいこう</u>にある。
    (9) この条件では相手方に<u>ゆうり</u>だ。
    (10) 習ったことはその日のうちに<u>ふくしゅう</u>する。

(1)	(2)	(3)	(4)	(5)
(6)	(7)	(8)	(9)	(10)

3．从a～d中选择一个正确答案。

(1) 3個＿＿＿＿して10個にする。
　　a．プラス　　　　b．フランス　　　c．ブラシ　　　d．ブラウス
(2) 子どもたちが＿＿＿＿学ぶ力の育成にもっと力を入れるべきだ。
　　a．自ら　　　　　b．自分に　　　　c．自ずから　　d．自己
(3) テレビの＿＿＿＿を取り付けることはそれほど難しくない。
　　a．アイテム　　　b．アンテナ　　　c．アンケート　d．アイディア
(4) 困ったことがあったら、遠慮せずに＿＿＿＿言ってください。
　　a．なんとか　　　b．なんとなく　　c．なんとも　　d．なんでも
(5) このチャンネルは子供＿＿＿＿の番組が多い。
　　a．つき　　　　　b．づれ　　　　　c．むけ　　　　d．づけ
(6) 彼は外見を＿＿＿＿人だ。
　　a．気がある　　　b．気がつく　　　c．気になる　　d．気にする
(7) テントを＿＿＿＿山の中で一晩過ごしましょう。
　　a．はって　　　　b．うって　　　　c．きって　　　d．たって
(8) 食をめぐる不祥事に対する社会の＿＿＿＿は、世相を反映している。
　　a．反省　　　　　b．反応　　　　　c．内定　　　　d．説得
(9) 「ドラえもんが生物として認められない」理由を＿＿＿＿問題が中学入試で出題され、インターネット上で話題になっている。
　　a．伺う　　　　　b．訪ねる　　　　c．聞く　　　　d．問う
(10) 文章の意味を正しく＿＿＿＿なければならない。
　　a．かかえ　　　　b．とらえ　　　　c．むかえ　　　d．うったえ

4．在下列（　　）里填入适当的助词。每个（　　）填一个假名。

(1) この展覧会（　）（　）、たくさんの人（　）来てほしい。
(2) これはどこに（　）（　）あるというようなものではない。
(3) 僕はお金（　）（　）（　）ほしくない。
(4) 鈴木さんは試験の間際（　）ならない（　）勉強しません。
(5) 体（　）合う（　）どうか、一度着てみたほう（　）よい。
(6) 学生（　）ため（　）なる本は少ない。
(7) 高い（　）（　）といって、必ずしも品質がよい（　）（　）限らない。
(8) 同じ品が他の店より安い（　）（　）買う人があまりいない。
(9) その道は、夜は暗く（　）あぶない（　）（　）、1人（　）歩かないようにしてください。

5．将括号中的词改成适当的形式填空。

(1) 教授はこの時間ならきっと研究室で実験を_____いるでしょう。（する）

(2) 子供の気持ちは親にも_____時がある。（わかる）

(3) あのレストランの料理はいつも_____とは限らないんですよ。（おいしい）

(4) 学生なら_____しなさい。（学生らしい）

(5) これさえ_____ば、十分です。（ある）

(6) 私は、管理課で働くのが_____しかたがなかったので、会社を辞めた。（いやだ）

(7) 風が_____でほしい。（ふく）

6．从a～d中选择一个正确答案。

(1) 自分_____よければいいという考えはよくない。
　　a．さえ　　　　b．こそ　　　　c．ほど　　　　d．より

(2) 彼は本当に男_____人です。
　　a．のような　　b．そうな　　　c．ぐらい　　　d．らしい

(3) 恋人に、約束の時間を_____と言われた。
　　a．守ってほしい　　　　　　b．守ってあげてほしい
　　c．遅れないでほしい　　　　d．遅れないでもらえない

(4) わたしのことを忘れないで_____。
　　a．いただく　　b．みる　　　　c．ほしい　　　d．たい

(5) うそを言わないというのは誰_____でもできることのようだが、実は正反対だ。
　　a．と　　　　　b．から　　　　c．に　　　　　d．が

(6) 辞書に載っている言葉の意味が今でも通用している_____。
　　a．とは限らない　　　　　　b．にはいかない
　　c．とは過ぎない　　　　　　d．にしかない

(7) 二人はまるでほんとうの兄弟_____。
　　a．ようだ　　　b．みたいだ　　c．のらしい　　d．そうだ

(8) A：漢字は毎日練習するようにしてください。
　　B：はい、_____。
　　a．いいです　　　　　　　　b．できます
　　c．わかりました　　　　　　d．練習するようになります

(9) A：そこから見て、本屋の前にどのくらい人が集まっていますか。
　　B：10人くらい_____。

a．いるつもりです b．いようと思います
c．いるらしいです d．いるようです

(10) うちの子は先生にほめられたのが＿＿＿＿＿ようだ。
a．嬉しくてしかたがない b．嬉しくてはいられない
c．嬉しいにすぎない d．嬉しいよりほかにない

7．用括号中的表达方式回答下面问题。

(1) あなたは、両親・友だち・先生などに、どんなことをしてほしいですか。
「～てほしい」の形を使って、三つ書きなさい。

(2) あなたは、両親・友だち・先生などに、どんなことをしてほしくないですか。
「～ないでほしい」の形を使って、三つ書きなさい。

8．选择与画线句子意思最相近的句子。

(1) 先生にほめられて、うれしくてしかたがありません。
a．しかたなく先生にほめられました。
b．先生は人をほめるのが好きです。
c．先生にほめられたからとてもうれしいです。
d．先生にほめられたのはしかたのないことです。

(2) レポートを提出しても合格できるとは限らない。
a．レポートを提出すれば必ず合格できる。
b．レポートを提出したら合格できた。
c．レポートを提出しても絶対に合格できない。
d．レポートを提出しても合格できない可能性がある。

(3) 先生、あしたの授業を休ませていただけないでしょうか。
a．先生、あしたはお休みになってください。
b．先生、あした授業は休みですか。
c．先生、あした授業を休んでもいいですか。
d．先生、あした授業を休みにしましょう。

(4) 新しいパソコンさえあれば、あとは何もいらない。
a．新しいパソコンでさえほしくない。
b．新しいパソコンがあるからもうほしくない。
c．今ほしいものは新しいパソコンなどです。

d．新しいパソコン以外は何もほしくない。
(5) <u>ちょっと手伝ってほしい。</u>
　　a．ちょっと手伝ってあげたい。
　　b．ちょっと手伝ってあげましょうか。
　　c．ちょっと手伝ってもらいたい。
　　d．ちょっと手伝ってもらいましょうか。

9. 正确排列a～d的顺序，并选择最适合填入　★　的部分。

(1) 日本語を教えている人が＿＿＿＿ ＿＿＿＿ ＿＿＿＿ ＿★＿。
　　a．日本人だ　　b．必ずしも　　c．とは　　　　d．限らない

(2) かわいがっていた猫が＿＿＿＿ ＿＿＿＿、＿＿＿＿ ＿★＿。
　　a．しまって　　b．死んで　　c．しかたがない　d．悲しくて

(3) 明日の＿＿＿＿ ＿＿＿＿ ＿＿＿＿ ＿★＿していた夏休みになる。
　　a．テスト　　　b．楽しみに　c．終われば　　　d．さえ

(4) 教師としては生徒たちに健康で＿＿＿＿ ＿＿＿＿ ＿＿＿＿ ＿★＿。
　　a．なって　　　b．人間に　　c．もらいたい　　d．思いやりのある

(5) 李先生は、昔教えた生徒の顔を、＿＿＿＿ ＿＿＿＿ ＿＿＿＿ ＿★＿。
　　a．いらっしゃいます　　　b．よく
　　c．ひとりひとり　　　　　d．覚えて

(6) 力士は、体が大きい＿＿＿＿ ＿＿＿＿ ＿＿＿＿ ＿★＿。
　　a．ほうが　　　b．限らない　c．とは　　　　　d．有利だ

10. 将下列句子译成日语。

(1) 只要好好听课，你也可以解开这道数学题。

(2) 成绩好的学生未必都能通过就业考试。

(3) 那种话一听就是他说的。

(4) 只要你在我身边，其他我什么都不需要。

(5) 刚开始买彩票就中了三等奖，爷爷开心坏了。

(6) 我的自行车被偷了两次，气得不得了。

(7) 工作太多了，我希望谁能帮我一下。

(8) 我希望我的妈妈永远美丽！

11. 你已经上大学了，为了将来的工作你都做了哪些准备？把你准备的事情写下来。再把你认为自己需要做的事情也写下来。

就職のために、これまでやってきたこと：
(1) _____。
(2) _____。
(3) _____。
(4) _____。
(5) _____。

就職のために、これからやらなければならないこと：
(1) _____。
(2) _____。
(3) _____。
(4) _____。
(5) _____。

II. 听力

1. 听录音，选择正确答案。

   (1) _____ (2) _____ (3) _____ (4) _____ (5) _____

2. 听录音，判断正误。

   (　　) (1) 陳さんは日本料理クラブの代表の森さんにたまたま会ったので、クラブの活動について教えてもらいました。

   (　　) (2) 日本料理クラブは1週間に2回、木曜日と土曜日に活動しています。

   (　　) (3) 毎回参加メンバーは10人に限られています。

(　　) (4) 陳さんは来週の土曜日に市民文化センターに行きます。

III. 阅读

阅读下面的文章，并根据其内容回答问题。

求人情報・通訳募集

　　20歳から30歳の女性1名。日本語を話せる方（英語も話せるとなお可）。通訳経験者に限ります。履歴書には写真も貼付してください。また外国語や通訳の資格を持っている人は、必ず履歴書に明記してください。

　　書類審査合格者にはこちらから電話をさしあげます。その後、当社が指定する時間に、当社で面接試験を受けていただきます。

　　本求人に関する質問はメールでお願いします。電話での質問はお受けできませんのでご注意ください。

〒176－0001　東京都東西区1-1-1
東西会社　人事部　通訳課

問題　この文章の内容に合致しないものをすべて選びなさい。
　　a．日本語を話せる25歳の女性は応募できます。
　　b．一次試験に合格したら会社に電話をします。
　　c．履歴書を送った人すべてに電話がくるとは限りません。
　　d．求人に関する質問は電話かメールでします。

最後に会話文と読解文を読み直して、＿＿＿＿を埋めなさい。

ユニット1　会話　アルバイト探し
山田　あ、趙さん。＿＿＿＿＿？
趙　　あ、山田さん。すみません。＿＿＿＿＿。
山田　ううん。相談って何ですか？
趙　　＿＿＿＿＿アルバイトのことなんです。

山田　アルバイト？
趙　ええ。夏休みに日本語を使うアルバイトがしたいんです。
山田　どうして_____？
趙　わたし、今まで_____日本語を勉強してきたんですけど、李さんは弁論大会に出るし、王さんも日本に留学するだろうし…。
山田　うーん。
趙　それで、急に_____、と思うようになって…。で、今、何か日本語が使えるような仕事で_____しかたがないんです。
山田　そう、_____。どんな仕事がいいんですか？
趙　_____。日本語さえ使えれば、_____は安くてもいいんです。
山田　そう。…じゃあ、翻訳なんてどうですか？
趙　ええ？翻訳ですか。
山田　そう。きのう、だれか翻訳ができる人を探してほしいって_____なんです。
趙　わたしに_____かな…。
山田　_____んでしょう？　あ、ごめんなさい。今から授業なんです。_____。
趙　あ、は、はい。_____。

ユニット2　会話　会社への電話

丸井　你好。
趙　もしもし。わたくし、京華大学の趙媛媛_____。人事課の丸井さん、_____。
丸井　あ、わたしです。
趙　あ、丸井さん_____か。わたくし、京華大学の山田香織さんのご紹介で_____。今、_____か。
丸井　ああ、山田さんの後輩の方ですね。_____。
趙　実は、山田さんからそちらの会社で翻訳ができる人を_____ですが…。まだ_____か。
丸井　ええ、まだ探してますよ。
趙　そうですか。実はわたくしは京華大学の日本語科の学生で、日本語を勉強して今2年になります。_____、アルバイトを_____。
丸井　そうですか。じゃあ、_____。お話を伺いましょう。
趙　ありがとうございます。いつ_____でしょうか。
丸井　そうですね。あしたの午後は_____。

趙　　3時以降＿＿＿＿＿＿＿です。
丸井　じゃあ、3時半にこちらに＿＿＿＿＿＿＿。でも、面接をしても、すぐに＿＿＿＿＿＿＿
　　　が、よろしいですね。
趙　　はい、けっこうです。＿＿＿＿＿＿＿。
丸井　じゃあ、あした。＿＿＿＿＿＿＿。
趙　　ありがとうございます。＿＿＿＿＿＿＿。

ユニット3　読解　今から始める就職活動：大学生向け雑誌の記事

　年々企業の面接重視の＿＿＿＿＿＿＿。＿＿＿＿＿＿＿面接時間の中で、どうしたら＿＿＿＿＿＿＿
を伝えられるか、先輩たちの＿＿＿＿＿＿＿をまとめた。

＜面接のための準備＞
学生生活をまとめよう
　就職活動中は、「あなたの大学生活はどんなものでしたか」と＿＿＿＿＿＿＿ことが
必ずある。人と＿＿＿＿＿＿＿さえ持っていれば企業が＿＿＿＿＿＿＿とは限らない。＿＿＿＿＿＿＿
経験ではなく、経験を＿＿＿＿＿＿＿などの「＿＿＿＿＿＿＿」を加えてほしい。自分の言葉
で、＿＿＿＿＿＿＿表現することが大切だ。

自分を知ろう
　プラス志向で自分を＿＿＿＿＿＿＿、それを「＿＿＿＿＿＿＿」「＿＿＿＿＿＿＿」などのキーワー
ドで表現してみよう。実際に話すときは、これに具体的実例をつけて、＿＿＿＿＿＿＿内
容にして話したらいいだろう。

社会への
　就職活動では、自ら社会に＿＿＿＿＿＿＿が問われる。＿＿＿＿＿＿＿社会問題や国際問題
などに＿＿＿＿＿＿＿を持つようにしよう。＿＿＿＿＿＿＿ではない、＿＿＿＿＿＿＿があれば、自
分の言葉で質問に答えることができるだろう。

＿＿＿＿＿＿＿にも注意しよう
　人間＿＿＿＿＿＿＿が大事。しかし、＿＿＿＿＿＿＿面接時間の中では、＿＿＿＿＿＿＿外見にも
注意しよう。相手を不快にさせない＿＿＿＿＿＿＿が重要だ。

最後まで_____挑戦しよう
　社会に出て、今楽しく仕事をしている先輩たちの中には、卒業_____就職が決まった人がおおぜいいる。内定がなかなか_____、周りを_____自分に合う仕事を_____だ。_____の精神でがんばろう。

第30課　旅立ち

単語帳

ペア

旅立ち　ところ　礼状　別れ　歓送会　出来事　先入観　熱気　同士　感想文
充実　興奮　共通　失敗
取り合う　知り合う　育つ　申し上げる　ぶつかる　異なる　恐れる　降りだす　-だす
親しい　大いに　いつの間にか　-終わる　-観
これから　けれども　さよなら　おめでとう　お帰りです

文法リスト

お／ごVです＜尊他＞
V（ら）れる＜尊他＞
Vていただけませんか＜请求＞
Nのところ＜处所化＞
V（よ）うとする＜意图＞
Vている／Vるうちに＜发生变化＞

Ⅰ．文字・詞汇・語法

1．写出下列画线部分汉字的正确读音。

(1) 貴重なご意見、ありがとうございます。
(2) 高橋さんとは友達のパーティーで知り合いました。
(3) 気候は土地によって異なる。
(4) まずは自分の視野を広げよう。
(5) この小説の感想文を書いた。
(6) 両者には全然共通点がない。
(7) この仕事なら大いに自信があります。
(8) 「いい日旅立ち」という歌を知っていますか。
(9) 友達同士でもけんかになることがある。
(10) 彼は6歳まで田舎で育った。

| (1) | (2) | (3) | (4) | (5) |
| (6) | (7) | (8) | (9) | (10) |

2．将下列画线部分的假名改写成汉字。

(1) 彼は気力がじゅうじつしている。
(2) 失敗をおそれてはいけない。
(3) せんにゅうかんにとらわれるな。
(4) 誕生日を家族やしたしい友人で祝うのが普通だ。
(5) 試合の最中、急に雨がふりだした。
(6) 王さんがわかれの挨拶をした。
(7) そんなにこうふんしないで、落ち着きなさい。
(8) 田中さんの北京支店支店長へのご栄転を祝ってかんそうかいを開きます。
(9) 同窓会のねっきはみんなに伝わった。
(10) 「成功」の反対は「しっぱい」だ。

| (1) | (2) | (3) | (4) | (5) |
| (6) | (7) | (8) | (9) | (10) |

3．从a～d中选择一个正确答案。

(1) 討論会に参加した人が多くて全然発言する_____がなかった。
　　a．チャンネル　　b．チャンス　　c．チャレンジ　　d．チューター

(2) _____先どんなことがあるか分からない。
　　a．これから　　b．それから　　c．あれから　　d．どれから

(3) 彼女は_____部屋に入っていた。
　　a．どうして　　b．なにか　　c．いまにも　　d．いつのまにか

(4) _____カメラを持って行ったのに、写真を1枚も撮らなかった。
　　a．とにかく　　b．せっかく　　c．なるべく　　d．さっそく

(5) 昨日は兄の_____に泊まりました。
　　a．ところ　　b．そこ　　c．ため　　d．こと

(6) 1時間前に出たという電話があったから、もう_____着くはずだ。
　　a．そろそろ　　b．いろいろ　　c．なかなか　　d．ますます

(7) 朝も夜もそんなに働き_____と病気になってしまうよ。
　　a．おわる　　b．しまう　　c．つづける　　d．はじめる

(8) 災害の時、近所が助け_____いるのを見て感動した。
　　a．会って　　b．出して　　c．合って　　d．出て

(9) 心からお礼を_____。
　　a．おっしゃいます　　　　b．いらっしゃいます
　　c．申し上げます　　　　d．うかがっています

(10) 母が先生によろしくと_____おりました。
　　a．もうして　　　　b．おっしゃって
　　c．うかがって　　　　d．つたえて

4．确认下列句子中画线部分「られ」的用法，然后从①—⑩句子中选择与A、B、C句用法相同的句子。

A：楊さんはいつも先生にほめられています。
B：私は納豆は食べられません。
C：先生は毎日何時にお宅を出られますか。

（　）(1) 森さんは知らない人から話しかけられた。
（　）(2) 部長、お酒をやめられたんですか。
（　）(3) 2週間本が借りられます。
（　）(4) 社長は毎日9時ごろ会社に来られます。

（　）（5）このお寺は江戸時代に建てられました。
（　）（6）私は母に漫画の本を捨てられました。
（　）（7）質問が難しくて答えられませんでした。
（　）（8）課長はすばらしい家を建てられました。
（　）（9）この魚はイタリアやスペンでも食べられています。
（　）（10）熱があるので、明日は学校に来られないと思います。

5．用括号中的词的适当形式填空。

(1) 足にけがをした犬は＿＿＿＿＿としたが、立てなかった。（立つ）
(2) 昨日、イギリスの王女様が京都を＿＿＿＿＿。（訪問する）
(3) すぐ答えられないので、少し＿＿＿＿＿いただけませんか。（考える）
(4) 英語を習いたいんですが、いい先生を＿＿＿＿＿いただけませんか。（紹介する）
(5) 赤ちゃんは何でも口に＿＿＿＿＿とします。（入れる）
(6) 雨が急に＿＿＿＿＿出してきました。（降る）
(7) 仕事を＿＿＿＿＿終わってからすぐ行きます。（する）
(8) おじい様は何歳に＿＿＿＿＿か。（なる）

6．从a～d中选择一个正确答案。

(1) あなたが何を＿＿＿としているかわかりません。
　　a．言おう　　　b．言う　　　c．言った　　　d．言わない
(2) 彼女は話している＿＿＿顔が真っ赤になった。
　　a．うちに　　　b．たびに　　c．ところに　　d．ように
(3) 先生が＿＿＿出したら、学生たちは静かになった。
　　a．おこる　　　b．おこり　　c．おこって　　d．おこった
(4) 先月、駅前にできたレストランは値段も＿＿＿味もいい。
　　a．安いと　　　b．安ければ　c．安いなら　　d．安くても
(5) A：電話を借りてもいいですか。
　　B：はい、どうぞ＿＿＿。
　　a．使わせてください　　　　b．お使いください
　　c．使わせていただきます　　d．お使いいただきます
(6) 先生はお酒を＿＿＿か。
　　a．お飲みます　　　　　　　b．お飲みにします
　　c．お飲みになります　　　　d．お飲みします

(7) 店員：お客様、印鑑を_____。

客：はい、持ってますよ。

a．お持ちになりますか　　　　b．お持ちですか

c．お持ちしますか　　　　　　d．お持ちなさいますか

(8) 学生：この本は先生が_____んですか。

先生：ええ、そうですよ。

a．お書きした　　　　　　　　b．書いていただいた

c．書いてやった　　　　　　　d．書かれた

(9) 先生はパーティーの時間を_____か。

a．存じています　　　　　　　b．存じております

c．ご存じです　　　　　　　　d．ご存じません

(10) 私たちは、来週先生のお宅へ_____。

a．伺います　　　　　　　　　b．いらっしゃいます

c．お出でになります　　　　　d．来られます

7．用敬语形式完成下列对话。

(1) A：はい、山田電気で_____。

B：佐藤と_____が、渡辺さんは_____か。

A：渡辺はただ今出かけて_____が…。

B：何時ごろ_____か。

A：5時ごろ戻ると思いますが。

B：では、5時ごろもう一度_____。

(2) A：先生は来週の国際会議で何について_____か。

B：日本と中国の将来について話します。

(3) A：お仕事は何を_____か。

B：小学校の教師です。

(4) 帰国なさったら、ご家族の皆様によろしく_____。

(5) A：課長、あの方を_____か。

B：うん、知っているよ。

(6) A：先生、飲み物は何に_____か。

B：コーヒーにします。

(7) お荷物、重そうですね。_____しましょう。

8．把下列句子译成日语。

(1) 我想在王府井下车，可是上车的人太多，我没能下去。

(2) 毕业时老师对我说的话，我一辈子都不会忘记。

(3) 大家还在睡觉的时候，他就起来干活了。

(4) 这里的风景真美，能为我照张照片吗？

(5) 星期天打算去朋友那里玩，（事先）打了个电话，可是朋友不在家。

(6)（店员）"您是带走，还是在这里吃？"
　　（客人）"我在这里吃。"

(7) 经过大家商量最后决定这次修学旅行的目的地定为京都。

Ⅱ．听力

1．听录音，选择正确答案。

(1) _____ (2) _____ (3) _____ (4) _____ (5) _____

2．听录音，选择正确答案。从中选择与会话内容有关的图。

(1) _____ (2) _____ (3) _____

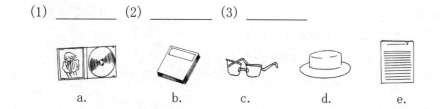

　　a.　　　　　b.　　　　　c.　　　　　d.　　　　　e.

3．听录音，判断正误。

（　　）（1）いろいろな人と相談して、大学を辞めてしまいました。
（　　）（2）悩みを聞いてくれた友達と親友になりました。
（　　）（3）この1年、楽しいことはなく、辛いことや悲しいことばかりでした。
（　　）（4）辛く悲しい経験は忘れて、今後は明るく生きていきたい。

Ⅲ．阅读

阅读下列对话，并根据其内容回答问题。

目上の人への依頼（日本人の友達の両親と電話で話す）会話

（王さんは日本にいる鈴木さんに電話をしましたが、鈴木さんは不在で、鈴木さんの母親が電話に出ました。）

王　　　　：もしもし、夜遅くにすみません。王と申しますが、鈴木さんはいらっしゃいますか。
鈴木（母）：失礼ですが、王さんは恵美のお友達ですか、それとも真弓のお友達ですか。
王　　　　：真弓さんの友人です。
鈴木（母）：すみません、真弓は今ちょっと出かけています。
王　　　　：何時頃に戻られますか。
鈴木（母）：9時頃には帰ってくると思いますが。でも、（ア）。
王　　　　：そうですか。では、また明日お電話します。
鈴木（母）：あ、ちょっと待ってください。真弓の携帯の番号はご存じですか。携帯にかけてみたらどうかしら。
王　　　　：そうですね。では、すみませんが、真弓さんの携帯番号を教えていただけませんか。
鈴木（母）：ええ、いいですよ。050-1234-5678です。
王　　　　：050-1234-5678ですね。早速かけてみます。ありがとうございました。

問題1　次のa～dの中から、（ア）に入れるのに適当なものを選びなさい。
　　a．今日は6時に帰ってきました
　　b．今日はもうすぐ戻ると思います

c．今日はもう寝てしまいました
d．今日は週末なのでちょっと…

問題2　次のa～dの中から、会話の内容と合っているものを選びなさい。
a．王さんは明日また電話かけてもらうことにしました。
b．鈴木さんは今日9時頃に帰宅する予定です。
c．鈴木さんは一人っ子です。
d．王さんは真弓さんの携帯番号を知りませんでした。

最後に会話文と読解文を読み直して、_____を埋めなさい。

ユニット1　会話　先生への挨拶

王　　遠藤先生！今、_____。
遠藤　あら、王さん。交換留学が_____ですってね。_____。
王　　あ、もう_____か。
遠藤　ええ、きのう、胡先生が来られて、教えてくださいました。
王　　_____、9月から日本へ_____。それで、先生にも_____と思って。
遠藤　本当に_____ですね。ご両親にはもう_____ですか。
王　　はい。ゆうべ電話で報告したんですが、二人ともとても_____。「_____んだから、がんばりなさい」と_____。
遠藤　まあ、そうですか。ご両親も王さんの_____でしょうね。_____。
王　　はい。_____、先生、日本へ行く前に東西大学に_____作文があるんです。1度見_____か。
遠藤　何についての作文ですか。
王　　「わたしと日本語」というテーマなんです。きのうの夜書き始めたんですが、_____…。
遠藤　_____。じゃあ、書き終わったら、わたしのところへ持って来てください。
王　　はい。_____。では、_____。
遠藤　さよなら。

ユニット2　会話　別れ

渡辺　_____。趙さんは？
李　　あ、さっき_____、バイトで30分ぐらい_____って言ってました。
渡辺　そうですか。趙さん、夏休み_____、とっても忙しそうですね。
李　　ええ。でも、忙しいけど_____みたいですよ。日本語が使えて、すごく

_____って喜んでいました。

渡辺 わたしも_____かな。

王 渡辺さんも高橋さんも合格して本当に_____ですね。

高橋 王さんも交換留学が_____し、李さんも弁論大会で_____し。

渡辺 _____、わたしたちのグループは、美穂と王さんの出会いで始まったのよね。

王 そうそう、わたしが自転車に乗っていて、_____とき、高橋さんと_____。

鈴木 えっ、_____んですか。

王 ええ、次の日、鈴木さんに高橋さんを_____、それから何回か_____、相互学習を_____。

渡辺 今では、わたしたち_____ですよね。

王 そうですね。

鈴木 さ、みなさん、まずはジュースで_____か。

王 はい、じゃ、_____！

全員 乾杯！

ユニット3　読解　わたしと日本語

王　宇翔

「日本語の勉強はどうですか」知り合ったばかりの日本人に、_____である。日本語を学び始めたころは、「難しくて大変だ」と_____。しかし、今は、こう_____、「なかなか難しいが、日本語を使って_____」と答える。それは、日本人や中国人の友達と一緒に_____、互いに_____を知ったからだ。

　育った国や文化が_____、考え方や感じ方も違う。以前は、わたしの心のどこかに、そのような_____があった。けれども、日本人の友達とコンサートに行って、会場の_____について話し合ったり、試験前に_____しているうちに、わたしの先入観は_____。そして、考え方の違いは_____も多いのではないかと_____。日本人と中国人の友達と一緒に行動し、話していると、ときどき_____こともある。中国人同士でも、または、日本人同士でも、いつも_____。大学に入ってから、何回かこのようなことを_____したが、そんな時は、相手がなぜ自分とは_____を持っているのか、日本語という_____で、_____話し合った。それはわたしにとって本当に_____であった。

　来月から1年間、日本に留学する。新しい環境の中で、_____不安もある。しかし、_____。せっかく日本へ行くのだから、_____、大いに話し合い、_____ように努力したい。

第5単元の練習（第28～30課）

1. 写出下列画线部分汉字的正确读音。

   (1) 子どもたちは幸せに暮らしているという<u>印象</u>を受けた。
   (2) あの人は<u>中身</u>がない。
   (3) 科学の<u>進歩</u>は著しい。
   (4) 自分を<u>犠牲</u>にして他人に合わせていませんか。
   (5) 学習に対する<u>意欲</u>を高めよう。
   (6) 2年生のときから留学を<u>真剣</u>に考えるようになった。
   (7) みんなの意見が正しいとは<u>限らない</u>。
   (8) あの二人は年齢差を<u>越えて</u>結婚した。
   (9) 彼の人生に<u>新たな</u>1ページが開かれた。
   (10) 生命を大切にし、<u>自ら</u>判断して行動する。

(1)	(2)	(3)	(4)	(5)
(6)	(7)	(8)	(9)	(10)

2. 将下列画线部分的假名改写成汉字。

   (1) 彼は地球温暖化について全然<u>ちしき</u>を持っていない。
   (2) 内容を<u>じゅうじつ</u>させることが大切だ。
   (3) 不動産投資の問題点を<u>ぶんせき</u>してみる。
   (4) 私は人間の<u>かのうせい</u>を信じている。
   (5) 昨夜は<u>こうふん</u>して眠れなかった。
   (6) 彼の緊張感が彼女にも<u>つたわった</u>ようだ。
   (7) 量より質を<u>じゅうし</u>する。
   (8) 私は<u>せいけつ</u>な感じの人が好きだ。
   (9) <u>へんか</u>のない毎日の生活に飽きた。
   (10) 日本は<u>なんぼく</u>に細長い島国である。

(1)	(2)	(3)	(4)	(5)
(6)	(7)	(8)	(9)	(10)

3．从a～d中选择一个正确答案。

(1) 今の国際社会では_____な視点が欠かせない。
  a．グローバル   b．プログラム
  c．コンテスト   d．ゴールデン

(2) ＳＯＨＯという仕事の_____を選択した。
  a．チャンス   b．テーマ   c．タイトル   d．スタイル

(3) 社員は自身の豊富な経験と_____を生かして販売活動を展開している。
  a．ネットワーク   b．スクリーン
  c．コミュニケーション   d．リアルタイム

(4) インターネットに_____すれば、誰でもさまざまな情報を入手できるようになった。
  a．アパート   b．アクセス   c．アンテナ   d．アクセサリー

(5) 日本語が話せるのは就職活動では_____になる。
  a．チャンス   b．プラス   c．マイナス   d．テニス

(6) いつの_____にかパーティーは終わっていた。
  a．時   b．間   c．時間   d．うち

(7) 絵は_____趣味で、就職に生かそうとは思っていない。
  a．特に   b．ちょっと   c．簡単な   d．単なる

(8) おなかがすいていたので_____おいしかった。
  a．あまり   b．いっそう   c．そのうえ   d．そして

(9) 彼は_____成人した赤ん坊だ。
  a．きちんと   b．大いに   c．いわば   d．なんとか

(10) 毎日寝る前に日記を_____習慣がある。
  a．かける   b．つける   c．くわえる   d．おく

(11) 子どもたちは自然をどのように_____いるのか。
  a．とって   b．とらえて   c．もらって   d．うけて

(12) 愛情だけでは子どもは_____。
  a．育てない   b．育たない   c．養わない   d．張らない

(13) 人間は、これまで生きていくために環境に_____きた。
  a．働きかけて   b．働きだして
  c．働きこんで   d．働きあげて

(14) 学歴があっても＿＿＿がない人は少なくない。
　　　a．中間　　　　b．内面　　　　c．中身　　　　d．内部
(15) 私は彼にタバコをやめるように＿＿＿した。
　　　a．論説　　　　b．説明　　　　c．解説　　　　d．説得

4．选择与画线句子意思最相近的句子。

(1) 料理ができなくても頑張れば栄養士になれるのではないでしょうか。
　　　a．料理ができなければ栄養士になるのは無理だ。
　　　b．料理ができない人は簡単に栄養士になれる。
　　　c．料理ができない人でも栄養士になる可能性はある。
　　　d．料理ができる人でなければ栄養士になれない。
(2) 携帯電話の普及によって、中国人の生活スタイルは大きく変わった。
　　　a．中国人の生活スタイルが変わったから、携帯電話が普及した。
　　　b．中国人の生活スタイルを変えるためには携帯電話を普及させなければならない。
　　　c．中国人の生活スタイルが変わらなければ、携帯は普及しなかった。
　　　d．中国人の生活スタイルが変わった原因は携帯電話の普及である。
(3) ダイエットをしなければと思うようになって。
　　　a．これまでダイエットしたいと思ったことがなかった。
　　　b．これからはダイエットをしたくないと思っている。
　　　c．ずっとダイエットしたいと思っていた。
　　　d．ずっとダイエットしなければならないと思っていた。
(4) 佐藤さんは矢部さんに中国の歴史について説明してほしいと頼まれた。
　　　a．矢部さんは中国の歴史について詳しい。
　　　b．矢部さんは中国の歴史について知りたがっている。
　　　c．矢部さんが頼まれた。
　　　d．矢部さんは中国の歴史について佐藤さんに紹介する。

5．从a～d中选择一个例词使用错误的句子。

(1) 認識
　　　a．学生の心理問題の重要性はまだ十分に認識されていない。
　　　b．この点については、お互いの認識に差がある。
　　　c．君は中国経済についての認識がまだ甘い。

d．あなたはその人を認識していますか。
(2) 興奮
　　a．両親に合格したことを伝えたら、とても興奮してくれて、うれしかった。
　　b．あの人はなんであんなに興奮しているの。
　　c．犬が興奮している場合は、落ち着かせなければなりません。
　　d．きのう、日本の勝利に日本中のサッカーファンが興奮した。
(3) かける
　　a．好きな人になかなか声を掛けられない。
　　b．故郷にいる祖父の健康がとてもかけている。
　　c．子どもの教育にはずいぶんお金をかけてきた。
　　d．新聞社に圧力をかけて、記事の掲載をやめさせた。
(4) 変わる
　　a．あの人は性格がちょっと変わっている。
　　b．鈴木さんは今日も変わった服装をしているな。
　　c．ちょっと変わったメールが来た。
　　d．思い切ってヘアスタイルを変わった。

6．从a～d中选择一个正确答案。
(1) おいしい料理を作る_____、腕ばかりでなく心も大切です。
　　a．には　　b．では　　　　c．からは　　　　d．までは
(2) きれいになる_____つれて、自信もついてきた。
　　a．を　　　b．に　　　　　c．で　　　　　　d．と
(3) 無事に帰国してくれ_____すれば、何も言わない。
　　a．から　　b．さえ　　　　c．でも　　　　　d．まで
(4) 私も田中さんの意見_____賛成します。
　　a．に　　　b．を　　　　　c．と　　　　　　d．が
(5) そのパーティーは強さんの歌_____始まった。
　　a．が　　　b．を　　　　　c．も　　　　　　d．で
(6) 帰国しても日本語の勉強を続け_____つもりです。
　　a．てくる　b．ていく　　　c．てしまう　　　d．てある
(7) あまり期待できないと_____、心の中では期待している。
　　a．知るなら　　　　　　　b．知ったまま
　　c．知ったから　　　　　　d．知りながら

(8) 予約しておけば_____。満員ならしかたがないから、今日は帰ろう。
　　a．けっこうだ　　　　　　　　b．かまわない
　　c．よかった　　　　　　　　　d．よくない
(9) きのうからずっと眠くて_____。
　　a．わからない　　　　　　　　b．きまらない
　　c．たまらない　　　　　　　　d．みかたがない
(10) この町には体育館_____体育館はない。
　　a．らしい　　b．のような　　c．そうな　　　d．みたいな
(11) 若いうちにやりたいことをやる_____だったと後悔している。
　　a．こと　　b．はず　　　c．わけ　　　　d．べき
(12) 選手として優秀だった人が監督として優秀であるとは_____。
　　a．限らない　　　　　　　　　b．言わない
　　c．見えない　　　　　　　　　d．決まらない
(13) 授業が終わって家へ_____としたら、雨が降ってきた。
　　a．帰る　　b．帰り　　　c．帰ろう　　　d．帰って
(14) この子は会う_____大きくなっている。
　　a．前に　　b．時期に　　c．ために　　　d．たびに
(15) インターネットのおかげで、世界中の情報が簡単に手に入る_____。
　　a．ようにする　　　　　　　　b．ようになった
　　c．ことにした　　　　　　　　d．ことにする
(16) 大学にいる_____様々なことを学んでおきたい。
　　a．間際に　　b．際に　　c．うえに　　　d．うちに
(17) 柔道を習いたいのですが、いい先生を紹介して_____。
　　a．いただきますか　　　　　　b．いただいていませんか
　　c．いただきませんか　　　　　d．いただけませんか
(18) （学生が先生に）先生はお酒を_____か。
　　a．お飲みいたしますか　　　　b．お飲みになりますか
　　c．お飲みしますか　　　　　　d．お飲みにしますか
(19) 大変申し訳申し訳ございませんが、もう少し検討_____。次の週末までには回答いたします。
　　a．されていただけないでしょうか
　　b．させていただけないでしょうか
　　c．されていただかないでしょうか
　　d．させていただかないでしょうか

(20) 両親にはいつまでも元気で＿＿＿＿＿。

  a．いたい   b．いてくれたい

  c．いてもらえたい   d．いてほしい

7．完成下列对话。

(1) （先生が重そうな荷物を持っている）

  留学生：＿＿＿＿＿＿＿＿＿＿＿＿＿＿＿＿＿＿＿。

(2) 王　：先生、高橋さんのお姉さんの結婚式の写真を＿＿＿＿＿＿＿＿＿。

  先生：はい、見ました。

(3) 王　：お母さんは何か＿＿＿＿＿＿＿＿＿＿＿＿＿。

  高橋：いいえ、何も話しませんでした。

(4) 先生：いつ日本に来ましたか。

  高橋：去年の9月に＿＿＿＿＿＿＿＿＿＿＿＿＿＿＿。

(5) 主人：どうぞ召しあがってください。

  客　：はい、＿＿＿＿＿＿＿＿＿＿＿＿＿＿＿＿＿＿。

8．把下列句子译成日语。

(1) 我想趁着年轻多经历一些事情。

(2) 留学之前，我用尽了各种方法调查了日本各大学研究生院的情况。

(3) 学生应该好好儿学习。

(4) 最近不在家过春节的人越来越多了。

(5) 金钱不一定能够解决所有问题。

(6) 在大家的鼓励下，我开始有了自信。

(7) 每当我听到这首歌，就会想起自己年轻的时候。

(8) 我要做一些会议的准备，能麻烦你帮帮忙吗？

(9) 害怕失败就可能一事无成。好不容易来到日本，我希望能够与更多的人交流，努力成为一个视野开阔的人。

(10) 只要能够上网，即使你现在在东京一个狭小的公寓的一角，下一个瞬间就能够体验到地球另一侧的生活。身在自己的国家、社会，却能够在你愿意的时候接触到地球另一侧的国家和社会的所有信息。

语法小结

句型	意思	例句
だけ	程度	日曜日は寝たいだけ寝られる。
～ながら	转折	取引先に申し訳ないと思いながら、仕事をやめました。
に	主体	こんな難しい文章は、学生には翻訳できない。
Vてくる／いく	动作趋势	最近日本に住む外国人は多くなってきた。
Vる／Nのたびに	同一情况的反复	この写真を見るたびに、昔のことを思い出します。
Vるべきだ	义务	約束はどんなことがあっても守るべきだ。
（Nに）Vてほしい／Vないでほしい	对他人的希望	大事な会議だから、必ず開始時間を守ってほしい。
Nさえ～ば	充分条件	時間さえあれば、きっと海外旅行に行く。
Nらしい／らしさ	风格、特征	鈴木さんはとても学生らしい服装で大学に来た。
Vている／Vるうちに	发生变化	話しているうちに、大学の前に出ました。
Vる／Nにつれて	相应的变化	経済が発展するにつれて、人々の生活も豊かになってきました。
Nには及ばない	比较	車がいくら速く走っても飛行機には及ばない。
Nに加えて	补充	お祭りは見る楽しさに加えて元気も与えてくれます。
～てしかたがない	极端的心理状态	ゆうべは2時ごろまで勉強していたので眠くしかたがない。
N／A$_{II}$でいらっしゃる	尊他	お元気でいらっしゃいますか。
Vていらっしゃる	尊他	お仕事は何をしていらっしゃいますか。
お／ごVです	尊他	お客様、何かお探しですか。
V（ら）れる	尊他	あの方は、東西大学で中国の歴史を専攻されました。

续表

句型	意思	例句
Vていただけませんか	请求	あした、こちらに来ていただけませんか。
～とは限らない	否定性可能	高い料理が必ずしもおいしいとは限らない。
Nのところ	处所化	李さんはドアのところに立っています。
V（よ）うとする	意图	今出かけようとしているところです。